河野信子

媒介する性

ひらかれた世界にむけて

藤原書店

媒介する性

目次

媒介する性——方法と事態

媒介する性

ひらかれた世界にむけて

媒介する性

――方法と事態

はじめに

無知（情報不足と洞察力不足をも含む）は時として、加害者の鞭を振り廻すときがある。一九六〇年代、「サークル村」[1]のメンバーも例外ではなかった。

すでに、一八七九年フレミング[2]の染色体の発見、一九四四年エイブリーによる遺伝情報を伝える物質DNAの指摘、一九五三年ワトソンとクリックによるDNAの構造の解明とつづいて、細胞の核の内部の研究は進められた。一九六〇年代に入ると、性を決定する染色体（ヒトの場合は第二三染色体）にはゆらぎが存在していること、女と男の性差は、生命体としては必ずしも一定ではないこと、六百人に一人はいるとされている中間の性の人びとを、「許されざる存在」とする傲慢さは、一種の「無知」であることが論文などで明らかにされて来た。

染色体だけを例にとっても、人の性は第二三染色体がXXならば女、XYならば男と決まりきっているわけではなくて、XOの人、XXYの人、XYYの人というように、多様な存在を示していて、担い手たちも、自らを女、あるいは男として認定できないでいることがあきらかになって来た。

にもかかわらず、次のような言辞はどのような内省も苦痛もなく発せられていたのである。

「彼女はね、不感症だよ。山田がうまく表現していたよ、なんといったかな、そうだ洗濯板といった。うまい表現だね。ああしたたぐいの女は本質的な認識へ到ることは不可能だよ」

（森崎和江『第三の性』三一新書、一九六五年）

「本質的な認識に到ることは不可能」などといった、性別に対する排中律（Aでないものは非Aである。その中間はないとする考え方）は一九六〇年代では、凝視を欠いた思想を形成していた。しかしそのことへの批判の浸透度は低かった。人の第二次性徴が認識の到達度を示すといった考えが、俗流唯物論とともに信じられてもいた。

森崎和江は、この意見に対して、「自分の身うちが指をさされたように、ぐっとくるものがあったんです」と書き、病気ではないだろうかと思ったり、のどぼとけが大きくなりだしたりしていると、書いて、情報は持っていないが、潜在的な何かを予感している。

現在では、のどぼとけについては、雄性雌性化現象のひとつとも見られるものと考えられている。男性ホルモンによるタンパク合成不充分からくるもので、XYであって女の外見をもっているが、日常生活のなかで、頭が悪かったり、認識力不足になったりするわけではない。

現在、問い直す必要があるのは、「本質的認識に到ることは不可能」とする言論の軽率さは、人の認識史のなかでも、同様であったか否かということである。

第二三染色体との対応のなかで、生物学的医学的研究に比べて、遅れているのは、哲学的思弁・倫理学的内省・社会学的対策・法学的配慮であるといわれている。

近頃ようやく、中間の性（XXY、XYY、XO、XXXなどだけではなく、両性具有者、雄性雌性化の人、性同一性障害といわれる人びとを含む）の人びとを差別しないためのあらゆる方策が模索されているところである。しかしその対策のいずれもが、融合を目指して、中間の性の人びとを目立たなくする配慮で充たされているにすぎない。

問われているのは、融合だけでよいのかということである。神話から、文学作品にいたるまで、〈媒介としての中間の性〉を追求したものが、これまでに数多く出ている。以後「媒介性」の作用を追求する意識の葛藤を展開していく計画である。

（1）新しい文化を創出する目的で「九州サークル研究会」（九州・山口の労働組合、地域、学校などの文化サークルの自由意志による参集体）によって、月刊誌として発行された。主として、文学による表現のあらゆるジャンルを掲載した。第一期は一九五八年九月号より一九六一年十月号まで。発行所は、福岡県中間市の谷川雁・森崎和江・上野英信・上野晴子の住居におかれた。

（2）Walter Fleming　一八四三―一九〇五年、ドイツ生まれ。細胞学者。有系分裂という語を提唱し、一八七九年、染色した細胞中の染まりやすい実体を発見した。

「本質的認識」に到ることは不可能？

「サークル村」は負の存在学を、論争と対話と行動によって模索しようとしていた。コミューンは「幻視」であり、国家もまた「幻想」であった。しかしこの幻視も幻想も、「共同」性を担うトラウマに化した。

このトラウマを曳いていた時期、福岡市内の「サークル村」の集まりで、「地下足袋《じかたび》物神[1]でいくか、純粋思弁でいくか」が、語り合われたことがあった。当時、「サークル村」の行動の重点は、炭鉱労働者の闘いに軸足を移しかけていたのである。

しかし軸足を移してしまうことは、「サークル村」にとっては、「本質的な認識」の欠如であったともいえる。従って「地下足袋物神」に対峙する存在として、「純粋思弁」が措定されてはいた。しかし事態は、意識すると否とにかかわらず「地下足袋物神性」を疎外態として掲げはじめていた。

この物神性が事態に次ぐ事態、さらなる次の事態を、どのように生起させたかを、森崎和江は『闘いとエロス』（三一書房、一九七〇年）にフィクションを交えながら、再構成している。そこには、悲痛さが通奏する。

「本質的認識」に到るためには、「地下足袋物神」に対峙して「純粋思弁」をも鍛える必要がある。にもかかわらず両者は遊離を開始していた。思弁の側からは、形而上性が派生し、「物神」の側からは、妄信ともいえる実感至上性の根を成長させた。

多くのメンバーが、「炭鉱闘争」へむかって、傾斜の度を高めれば高める程、「嬉しさいっぱい」であり、後退よりは前進に自己を試したのである。

これはこれで、「日本」にむかって、負の存在もまた、エネルギーに充ちていることを知らせ得る内在力とはなっていった。

しかし負性を担って前進し、精神の高揚のなかにあるときは、固有の「過剰さ」を生み出す。なかでも女と中間の性の担い手にたいしては、「本質的な認識へ到ることは不可能」と思弁なしの物神性まる出しの言辞となる。

この種の断定は、ひとつの「聞くに耐えない」言辞である。男たちから見た第二次性徴の示すものと巨乳との関係をもって、「本質的認識に到ることは不可能」とは、「冗談としての自己陶酔」である。ここでは、決定論の呪縛から自らを解き放つことは望みようもない。根を張っているのは固有の物神性であり「地下足袋物神」からの派生態である。

遺伝子をもとにしたヒトのタンパク質が十万種類あって、定型をとりながらもカオス状態であることについての情報は、森崎和江の『第三の性』が書かれた頃までには不足していた。誰もが、自然学の先端部分を自己触媒としていなければ、発言できないわけではない。たとえばアインシュタイン（Albert Einstein 一八七九―一九五五年）の特殊相対性理論（一九〇五年）より、はるか昔に、人びとは浦島太郎の物語を持つことができた。特殊相対性理論には、動くもの（ただし、人が作った機械が地球上を走り廻る動きかたを、はるかに超えている）は、地球上の時間に比べて、すくなく経過するといった理論がふくまれている。浦島太郎の物語には、民間に伝承された「時間の相対性」を共同の無意識界に持っていたともいえる。したがって自然学上の研究にたいする情報不足をもって「本質的認識」を手荒くあつかったことの、弁解とするわけにはいかない。

この場合に存在したのは、負の存在学によって出発した「サークル村」といえども、「地下足袋物神」にとって、鏡像としての「純粋思弁」の後退を抱え込んでしまった情況である。「女たちにとっての長い闇夜」（「サークル村の内と外」のなかの池田浩士の言、『文学史を読みかえる』所収、インパクト出版会、二〇〇三年）から男たちを透視して石牟礼道子は語る。

――いましがた革命について考えていた男といえども女たちの方にむきなおるときは体制そのものとなってむきなおります。男たちの言葉は権力語となって、発せられるとたんに死滅して、私の目の前にこぼれおちます。それはみるにたえない光景でした。

（「高群逸枝との対話のために」、『潮の日録』所収、葦書房、一九七四年。『石牟礼道子全集　不知火』第一巻、藤原書店、二〇〇四年）

「男たちの権力語」は「長い闇夜」の住民の眼をもってすれば、たちどころに断ち切りたい回路なのである。しかし女たちは、この権力語にしばしば対峙させられてきた。実在の側から見れば、人の性差は、開放系であって、閉鎖系ではない。男と女の間に明確な線引きなどはない。にもかかわらず「実在と思う観念」は、しばしば自らを男だと思い込んでいる者たちの、どのような内省もないままの権力語を乱発させるのである。自らを「正の存在学」の担い手にすればするほど、「理想」と「使命」は、華やかでしかも身勝手な「権力語」となるのである。

「——ぼくは、絶対に正しい神のしもべです。ぼくは、弱い人間どもの作った欠陥だらけの法律や、誤謬だらけの支配を受けて、人間に保護されて出かけるのじゃないのですから。わたしの王、わたしの立法者、わたしの船長は、全能の神さまです。わたしの周囲の人たちが、同じみ旗のもとに馳せ参じようとして——わたしと同じ企てに加わろうとして——熱中しないのが、ふしぎでならないのです。」

（C・ブロンテイ『ジェイン・エア』遠藤寿子訳、岩波文庫、一九五七年。原典は一八四七年）

この部分は、従兄のセント・ジョンが、使命感に燃えて、宣教師となってインドに行く計画とともに、ジェイン・エアに結婚を迫るくだりに当たっている。

一八四七年、シャーロット・ブロンテイは皮肉な語り口で、「理想」に燃える男の、一片の内省も含まない、自信過剰と勝手さを、このくだりで表現している。

宗教と革命との差はあっても、この作品と相似た言辞を展開する男たちは、百年を過ぎた日本でも後を断っていなかった。しかし、二十一世紀に入るあたりから、「ぼくは、絶対に正しい」などという男達の口調には、逡巡がみられるようになった。「革命に殉ずる」といえばきこえはいいが、たいていは、まるっきりの男の一方的利益のもとに共生を語る思想である。石牟礼道子のいう「みるにたえない光景」もここにある。

ここで再度、「本質的な認識」について、再考する必要があろう。

女と男とは、性的には対峙存在である。対峙存在となることによって、全ての存在は本質存在となる。これはヘーゲルの存在論のスタイルでもあった。本質的存在には、いまだ媒介の作用について言及されていない。本質的な存在が動き始めるのはつぎの過程である。

原初のカオスが対峙的存在となることにより本質存在になるのではあるが、この対峙には相生と相剋の双方の展開を必要とする。従って、「権力の顔」は、どのようにして止揚されるのかを問わなければ「本質的認識」とはなりがたい。

原初のカオスについて、流動態の初めに発生した渦の相のなかで、中間の性をふくめて認識する必要があるが、いましばらくは、対峙存在として、女と男の相剋について、考えることからはじめたい。

一例をとるならば、民譚には、狐にまつわるものが多い。狐憑きから狐女房にいたるまで、相生・相剋入り乱れて多彩である。伏見稲荷の分霊社は三万を超えている。石牟礼道子は狐になってみた自己を実験し、またその狐がさらに人の子に化身しうるかを試してみたりする。

——狐の仔になっていて、かがみこんでいる茱萸《ぐみ》の実の下から両の掌を、胸の前に丸くこごめて〈こん〉と啼いてみて、道の真ん中に飛んでる。

（石牟礼道子『椿の海の記』朝日新聞社、一九七六年。『石牟礼道子全集　不知火』第四巻所収）

石牟礼道子の狐は人に憑くことはない。感性に通底する相生の狐である。いっぽう、柳田國男の『遠野物語拾遺』の狐は、相剋の狐である。狐は女に化けている。ふたりのおとこのうちひとりは女と思い、他は狐と判断する。女に化けた狐は、後者によって鉈で斬りころされ、死とともに狐の姿をあらわしていく。この民譚は、柳田國男の見解では、女性の神経生理のなせる術ということになっている。しかし、吉本隆明は、近代科学系のこの種の見解をとらずに、むしろ、幻想としての権力——共同幻想より派生する——に引き寄せてつぎのように書く。

——〈狐〉が〈女〉に化けてまたもとの〈狐〉の姿を現したという『遠野物語拾遺』

の民譚は、村落の共同幻想が村民の男女の対幻想となってあらわれ、ふたたび村落の共同幻想に転化するという過程の構造を象徴しているとおもえる。そして、もっとも暗示的なのは、〈女〉に象徴される男女の対幻想の協同性は、消滅することによって（民譚では女が鉈で殺されることによって）しか、共同幻想に転化しないということである。

（吉本隆明『共同幻想論』河出書房新社、一九六八年）

「狐」をめぐるひとつの例示からも「本質的認識」の場を構成する男と女の対峙は、相生と相剋の複雑な相を現わしている。やはり媒介としての中間的な性は、原初のカオスのなかに求められねばならないであろう。

（1）物神・物神性……「鰯の頭も信心から」と、苦笑されているように、人の精神には、呪力を持った事物を定着させる面がある。是非善悪を問うよりは、その呪物を心に刻みながら「生きる文化」を創出する。一九六〇年頃、坑内労働では、地下足袋（足袋の底が厚手のゴムになったもの）が多用されていた。そのため「地下足袋物神」とは、坑夫にたいする敬意と親しみを持った造語となった。

原初のカオス――中間の性を見る視点

天地《あめつち》初めて発《ひら》けし時、高天《たかま》の原に成れる神の名は、天之御中主神《あめのみなかぬしのかみ》。次に高御産巣日《たかみむすひの》神。次に神産巣日神《かむむすひのかみ》、この三柱《みはしら》の神は、みな独神《ひとりがみ》と成りまして、身を隠したまひき。

（『古事記』倉野憲司校注本、岩波文庫、一九六九年。但し可能な場合は旧漢字は新漢字に改めた。原典は七一二年）

各地の神話には、原初の時に独り神を登場させたものが多い。『古事記』の場合は、「身を隠したまひき」となるが、ギリシャ神話の場合は、単性生殖の女神たちが創出される。『神統記』（ヘシオドス）によれば、原初はカオスである。

次に大地の女神ガイアが生じ、次にカオスから幽明の神エレボスと夜の女神ニュクスが生じる。

エレボスとニュクスの「情愛の契り」からアイテル（澄明）とハメレ（昼日）が生まれる。ニュクスが対関係を持つのはここまでである。

他の子たちは、「暗い夜の女神がたれとひとつ床に入ることなく」単性生殖で生みつづける。

モロス（定業）・ケール（死の運命）・タナトス（死）・ヒュプノス（眠り）・オネイロス（夢）・モモス（非難）・ナイジェス（苦悩）・ヘスペリス（黄昏の娘たち）・モイラ（運命たち）・ネメシス（憤り）・アパテ（欺瞞）・ピロテス（愛欲）・ゲラス（老齢）・エリス（争い）と生みつづける。

この世の負の側面といわれながら、尽きることも逃れることもできない諸相は、すべてニュクスの所産である。（ヘシオドス『神統記』については廣川洋一訳、岩波文庫、一九八四年参照。原典は紀元前八世紀末に成立）

『古事記』でも黄泉《よみ》の国から逃げかえったイザナキは衝立船戸《つきたつふなと》・道之長乳歯《みちのながちは》・時量師《ときはかし》・和豆良比能宇斯《わずらひのうし》（煩いの主）・道俣《ちまた》など十二神、八十禍津日《やそまがつひ》（不幸の神）・大禍津日（これも不幸にする神）、つぎに神直毘《かむなおひ》・大直毘（二神とも凶事を吉事に変える神）、ついでオリオン座の中央にあるカラスキ星・水の神などを生みつづけ、最後にアマテラス・ツクヨミ・スサノヲを生むといった単性生殖である。しかし、「生む」ととるのは認識の誤りともとれる。「成れる」となっていてギリシャ神話の単性生殖との差異を示している。「生む」と「成れる」の使いわけは、『古事記』記述の頃まで伝えられた神話に含まれる神観念の複雑さを示している。イザナミと対になっている場合は、「生む」である。アメノミナカヌシなどの独り神もまた「成れる」である。発生譚を男女の性から分離させている。

「成れる」と「生む」とをめぐって、思想の差異を示しているのは、『古事記』と『日本書紀』である。アマテラスをめぐって、『日本書紀』の本文（ある書《ふみ》に曰く、本文につづいて、十一種のある書と、三形態が並べられているので、本文よりの引用でも特記する必要がある）では、イザナキ・イザナミの対による「子生み」である。

――伊奘諾尊《いざなぎのみこと》・伊奘冉尊《いざなみのみこと》、共に議《はか》りて曰《のたま》はく、「吾《あれ》已《すで》に大八洲国《おおやしまのくに》及び山川草木《やまかわくさき》を生めり。何《いかに》ぞ天下《あめのした》の主者《きみたるもの》を生まざらむ」とのたまう。是に日の神を生みまつります。

（『日本書紀』上、「日本古典文学大系」六七、坂本太郎・家永三郎・井上光貞・大野晋校注、岩波書店、一九六五年。原典は七二〇年）

日の神は、ヒルメノムチ（天照大神）と名付けられる。この子は「光華明彩」くにの内に照り徹るので、イザナキとイザナミは喜んで、「この国に留めておくわけにはいかぬ。すみやかに天上に送って、天上の主としようと、天上に送りあげた。（この時は、天地の「相去ること未だ遠からず」といった、面白い記述も続いている）

「成れる」と「生む」のいずれが根源の思想であるかを即断することは、現代からは、困難である。にもかかわらず、人格神の生成に、「成れる」と、性の存在を必要としない『古事記』の許容度には注目してよいであろう。

現代でも植物については、「実が成る」という。この言葉は、有性生殖・無性生殖の双方に使われている。「成る」には、自然発生性の意もふくまれている。

「成る」といった自然発生性の表現を使ったのは、子の生誕について、男の側の果たす役割を知らなかったからであろうといわれたりもする。それ程、性について無知であったかどうかを現代から推定するわけにはいかない。私は、『古事記』に多用されている「成る」と「生む」との使いわけは、中間の性についての、何がしかの寛容さを保持していた時代と考えてよいのではないかとしてきた。

中間の性にたいしては、女と男の関係史のなかにも四種の反応が顕われている。

その第一は、どこまでもさげすみ、笑いものにする態度である。この態度には、生命体のなかの異端・異物としか見ない差別意識が根を張っている。

『病草紙《やまいのそうし》』（中世、後白河院の願によって、蓮華王院の宝蔵に収められていた「六道絵」のひとつとされている）のなかの「二形《ふたなり》」のものについて、のぞき見る者の異形にこそ注目すべきとする阿部泰郎の指摘がある。

——彼の秘密を暴き出す「人」である男は、描かれるところ、ただ寝間に立ち入って衣をめくり上げるばかりか、それを扉口から覗き込んでいるもうひとりの男に示して手招きしている。その男たちの表情は卑しく嘲り笑い、それこそが猥褻《わいせつ》というべきであろう。

（阿部泰郎「性の臨界を生きる」、『環』十二号、藤原書店、二〇〇三年）

これは、中間の性のひとつの型にふくまれる両性具有者差別の歴史の一例としてあげられている。

第二には、中間の性の人びとを医学的な治療によって、男または女にしようとする試みである。この場合も中間の性＝病と考える思想に通底するものがある。

二〇代の終りだったろうか、付き合い始めた人がいた。悩んだ末、医者の薦めで黄体ホルモンや卵胞ホルモン剤を使った。それは生理を起こし、第二次成長《ママ》を促すためだった。確かに生理はきた。だが、一年ほど経って薬物性肝臓障害を引き起こした。結局生きるためにその薬を止めることにした。

（片山こずえ「月は満ちたか……」、『生理——性差を考える』所収、ロゴス社、一九九九年）

現代の医学が、この障害を越えているか否かは、未だ不明のことである。「障害はなくなった」という医者もいれば、「成長ホルモンのほうは障害がすくないが、性ホルモンには障害が多い」という医者もいる。卵胞ホルモン（結合型エストロゲン）は、長期投与で、血栓症がおこることがある。心不全、狭心症もおこることがある。黄体ホルモンは、脳梗塞、心筋梗塞、肺塞栓症、腸間膜血栓症、血栓症静脈炎などを起こす可能性がある。卵胞ホルモンであれ、黄体ホルモンであれ、常に肝機能テストを受けていなければならない。（薬害については、厚生省の「医薬品副作用情報」と、木村繁『医者からもらった薬がわかる本』法研、二〇〇二年参照）

片山こずえ氏の文章には、彼女の第二三染色体がXOなのかXXXなのか、あるいはXY（この場合は雄性雌性化現象）なのかを明言した記述はない。

しかし、いずれにしても薬物によって無理に、障害をかかえた「女」になるよりは、「生きる」ほうを選んだとされている。医者の治療を受けたのは、小中学校を通じて、女教師が女生徒だけを集めて「生理が始まった人手をあげて」と問い、その無神経な質問に腹を立て、ついで青年期に達しても「生理がない」状態がつづいたからである。中間の性の実在が両性具有者以外には、あまり知られていなかった時代のことではある。

第三には、何らかの方策をとって、目立たなくする対応がある。学校などでも、いくつかの方策をとっている場合もある。労働教育センター発行の季刊『女も男も自立・平等』では、「多様なセクシュアリティを考える」特集を組んでいる。そのなかに「男女分けをやめ、正しい知識をもつこと——セクシュアルマイノリティの生徒を受け入れる学校に必要なこと」とされたインタビュー記事が掲載されている。インタヴュアは編集部、答える人は佐藤君子（仮名、教師）となっている。

——Bさん（セクシュアルマイノリティの生徒——引用者）が在学することで、学校が変わったと言うことが何かありますか。

佐藤　彼女がくる前は、校内の競技大会などで男女別の試合が行われていたのですが、彼女が参加するようになってからは、「男女別はやめようよ」ということで、男女混合の試合をするようになりました。（中略）Bさんという存在がいることで、いろんな場面で男女分けすることの「おかしさ」が顕在化してきました。（第九四号、二〇〇三年冬）

「Bさん」がセクシュアルマイノリティであることを、生徒たちは知らない。学校側の配慮によって、自然体で融合するようにしている。しかしいまだすべての教育現場で、中間の性について許容度が高まっているとはいい難い。教師間の反応も、女教師と男教師とは異なっている。女教師の方は熱意をもって研究しようとしているが、男教師の方は、冷淡であると語られている。

雄性雌性化現象は、生物学界でも、認められていて、研究論文とは別の「一般書」にも記述されはじめた。

――睾丸性女性化症では、男性ホルモンが全く働くことができないわけだから、なみの女性よりはるかに女性的な女性の体が作り出される。こうした人は、もともと女性として育てられ、女性としての同一性《アイデンティティ》を持つ。ただ月経を伴う性周期がなく、妊娠することは不可能である。

（多田富雄『生命の意味論』新潮社、一九九七年）

生命体の矛盾こそ本質存在であると認める必要がある現象である。にもかかわらず、現象の側から生み出される混乱には、限りがない。人は個人には介入できない場があることを知ってはいても、性染色体に関する限りは、第二三染色体のXX＝女、XY＝男といった思いこみ——観念のもとに自他を分類する。自然を私的観念の投影と考えるものだけが観念論者というわけではない。極端な二分法もまた観念論の作用域を形成している。

スポーツ大会などでは、セックス・チェックが行われる。XY（第二三染色体）で外見女性の場合は、女子として参加すれば、失格となる。前掲書には一九八五年、ユニバーシアード大会で、XYで失格となった女性選手が長い闘いの末に女性選手として復権した事実が示されている。「女性選手の場合は、千人に一人位の割合でこの状態が見られるという。」（前掲書）

この場合は、強制されたセックス・チェックによって〈矛盾のもとにある自然現象〉として、浮上したが、次に記された比率は、氷山の一角と見てもよく、さらに、医者としては「告知しない」といった方針を守っている。これは社会の精神文化の現状があまりに低い許容度しか示し得ない事態に根源を持っている。被差別の大波を被せるよりは知らぬほうが幸せということであろう。

私の友人の産婦人科医に聞いたところでは、こういう例は日本の女性でも五万人に一人ぐらいの割にあって、疑いようのない女性的な行動様式を身につけている。その場合たとえ睾丸性女性化症という診断がついていても「あなたは実は男性です」などという残酷なことは決して言わないそうである。彼女らは通常幸福な女性として一生を送る。

（多田富雄、前掲書）

第四には、男も女も、中間の性の人びとに対して、人としての敬意を持つ場の形成がある。このケースは、男たちが女を差別している社会、女たちが男たちにむかって被差別者からの敵意を感じている社会では、実現には困難をともなう。これらの社会では、自己のなからにある低俗さを相手の性に刻印してしまうからである。

しかし、文学作品には、中間の性にたいする敬意と許容を残したものもないわけではない。次項からは、性のカオスをめぐる、多種多様な混乱と人びとの試行錯誤について考えていくことにする。

衣裳物神の両義性——差別と暴力

「神は人の見た夢、人は神の見た夢」とは古来語り続けられてきた。これを現代の視角で語れば、「神は共同体にとっての共通の幻想であり、その共通の幻想から生まれた規範である」としておきたい。ここでいう共同体とは、人（幼児と老人を除いて）が一日で歩いて帰ってこられる範囲にあるものを指す。ジェット機で行かねばならない位置にあるものを含める共同体などは成り立たない。ジェット機の一日の往復範囲にふくまれるような広大さのなかに、共同体としての共通の文化が成り立つわけはない。仮に成り立っているとすれば、そこにはなにがしかの強制がふくまれている。従ってここで「人の見た夢」に当たる「神」は、世界を統合する唯一神などではなく、それぞれの地域の「神」である。人はそこに「神話」を綴り、語り伝え、共同の了解として心を寄せた。

それぞれの神話群のひとつ「ギリシャ神話」では、子を産むことのあり得ない女神たちが登場する。

まずはアテネ（またはアテーナー）である。ギリシャ神話には、「中間の性」の神は出現しない。その時代の生命界への幻視が、神話の神々を男神または女神とした。にもかかわらず、「性を超越した神」として女神たちが混在している。アテネ、アルテミス、ヘスティアーの三女神は、アプロディーテーの愛の刷りこみから逃れている。最大の神ゼウス（クロノスとレアの子、父クロノスを攻め滅ぼした）でさえ、アプロディーテーの性愛の罠にかかり、たやすく人間の女たちと交わってしまうのである。にもかかわらずゼウスの頭から飛び出したアテネは、この世に現れ出たときから武装している。

外見の女性性にもかかわらず、オデュッセウスを帰還させるために出立するアテネは、「美々しいサンダルを足に結わえつけたが、これぞ水の上も涯《ふえ》なき陸の上も、風の息吹と速さを競いつつ、常に女神の身を運ぶ黄金作りの不壊の履物、また手には青銅の鋭利な穂先を具えた強固な槍――猛き神を父に持つこの姫がひとたび怒れば、これを揮って列なる豪勇の武夫《もののふ》たちを薙《な》ぎ倒す、重く頑丈な大槍を手にとった」（ホメロス『オデュッセイア』松平千秋訳、岩波文庫、一九九四年。原典は紀元前八〇〇年頃成立）

ついでアルテミスは産婆であり狩猟の女神であり、ポセイドンやアポローンの求婚をしりぞけて交わることがなかった。アルテミスがたてた独身の誓いはとげられ、ゼウスはアルテミスに最良の座を与えている。またヘスティアーはかまど＝煖炉の神である。（『古事記』でもかまどの女神は「こは諸人のもち拝《いつ》く神ぞ」となっている）

軍神・産婆・狩猟・かまどに女神を配しておいて、その上に自らは、性愛に身を投ずることのない女性性を崇拝した人の幻想域に、現代の人びとの納得できる説明を得ることは困難であろう。

超越性を媒介としなければ、人は女または男として、存在し行動することは許されないとしたのか、それとも軍事・狩猟・火の管理は媒体として女神を疎外しておかないと許されないとする罪責の意識を共有したためか、また産婆は媒介者であって、自ら産む存在になってはならないとしたためか、「人の見た夢」である神の、複雑性は、多様な糸口を示しつづけている。

アテネの軍装は、尊崇の的である。長い間人びとは、衣服が持つ疎外力（物神性）に支配されてきた。この疎外力は『古事記』にもあらわれている。

――ここに小碓《をうす》命、その姨《みをば》倭《やまと》比売《ひめ》命（伊勢神宮の斎宮――引用者）の御衣御裳《みそみも》を給はり、剱《たち》を御《み》懐《ふつころ》に納《い》れて幸行《い》でましき。

（『古事記』、前掲書）

このヤマトヒメの衣裳を着けて、オウスは熊曽建《くまそたける》兄弟の宴に加わり、宴酣《たけなわ》なときになって、兄弟を刺し殺し、ヤマトタケルの名をもらった説話は周知の展開である。（『日本書紀』には、オウスのクマソ行きは含まれていない。『古事記』との間に女装観をめぐる差異を示している）

――ヤマトタケルが熊襲征伐をする際に女装したということの中にも、すでに巫女という存在がいかに重要な役割を果たしていたかが予測できるのだ。女だから熊襲建は気を許したのではない。ヤマトタケルが巫女としてあらわれたから導き入れたのだ。ヤマトタケルの女装に用いた御衣御裳が大巫女であるヤマトヒメから賜ったものであることによって証明されている。それこそヤマトヒメの生きみたまのついた神衣であったからにほかならない。

（西宮紘『鬼神の世紀』工作舎、一九九三年）

「サークル村」の「地下足袋物神」は、古代、「衣裳物神」(1)として人の精神界を支配しはじめていた。

この「衣裳物神」は、しだいに、日本よりもヨーロッパにおいて、疎外の鞭をふるうのである。いくつかの例を見ておこう。中間の性をめぐる人の意識界の両義性は、ジャンヌ・ダルクをめぐってあらわに示されている。

百年戦争（一三三七年に始まる）末期の一四二九年、十七歳のジャンヌ・ダルクはフランス軍を指揮して、オルレアンをイギリス軍から解放し、シャルル七世の即位式をとりおこない、一四三〇年捕らえられ、一四三一年、異端裁判を経由して、火刑にされる。全軍を指揮したときは「男装」、裁判の途中、何度か女装させられる。

> この時代を彩るものは、神学者たちの無知な精神、霊を省みない文字への盲目の執心であり、だから彼らにはいかなる問題も女が男装したという罪以上に重大だとは思われなかったのである。彼らは、教会法によれば、自己の性の衣服をそのように変える者は神の前では憎むべきものである、と彼女に訓戒した。
>
> （J・ミシュレ『ジャンヌ・ダルク』森井真・田代葆訳、中公文庫、一九八七年）

司祭たちは、自己の衒学性を衣服にも発揮して、「神」の名において暴力をふるい、「国家」もそれに同調しつづけた。

衣裳物神による暴力は、近代に入ってもヨーロッパにおいて、いっこうに改まらず、裁判権が教会から国家に移っても、続けられた。なかでも、両性具有の人びとに対しては、「人間性悪説」を信じたくなる程の差別と暴走をくり返している。

しかしいかなる権力といえども、民衆の共通の意識界を離れて、勝手放題な気まぐれを持続させることは困難である。この点については後述する。

（1）ヤマトタケルの場合にも見られるように、人びとは、衣裳に呪力を持たせた。女装すれば女となり、男装すれば男となるのは、演劇をはじめ、文学作品などにも多く見られた。日本では原采蘋《さいひん》（漢詩人、儒学者。一七九八―一八五九年）の男装がよく知られている。日本の場合、男装はヨーロッパほど迫害を受けてはいない。しかし、ホテルなどでは、「パンタロンお断り」としていたところがあった。

物神性とは何か

「地下足袋物神」「衣裳物神」にとどまらず、人は、関係という関係のなかで、さまざまな物神性を身に負いつづけている。

ヴァナキュラー（Vernacular ここでは、イバン・イリイチ（一九二六—二〇〇二）の使用法に従って、互酬性の成り立つ地縁関係を指すことにする）なものから、グローバルなものまで、生活の場を支配する物神性への対応は、人の精神の自由度を示すものである。

ジェンダーにもさまざまな物神性が、付着しているが、さしあたって、物神性を人びとの認識の場に明示したマルクスの説から、入ることにしよう。

一つの商品は、見たばかりでは自明的な平凡なものであるように見える。これを分析してみると、商品はきわめて気むずかしい物であって、形而上学的小理屈と神学的偏屈にみちたものであることがわかる。

（「商品の物神的性格とその秘密」、K・マルクス『資本論』向坂逸郎訳、岩波文庫、一九六九年）

この第四節は、平凡でしかもどこにも神秘性などないものが、物神となって作用する。その構造と動態にわけ入って、念押しの架上ともいえる節である。

たとえば、机が商品として現れるとき、机は、「超感覚的な物に転化する」（マルクスからの引用部分は、いずれも前掲書）とか「狂想を展開する」となる。この発生因は、商品の形態にある。商品であるかぎり、労働の二重性をまぬがれることはできない。したがって、この労働は自己であることの主張を自己の労働でなすことはできない。他者の労働でしか自己は表現されない。またこの他者の労働となったものは、自己で他者を表現するためにだけ働く。

「狂想を展開する」構図もここにある。人は誰でも、「貴方を表現するのは私だけである。」と、迫って来られたら、自己の精神が、背中に貼りついた幽霊によってしか表されていない状態に陥ってしまったと思うであろう。幽霊もまた、精神も肉体も健全でありながら幽霊として機能することだけが許されている。

これは、形而上学者が小理屈をこねているのではない。関係存在がこの有様であって、隙間だらけで、ゆるやかであることは望むべくもない。一時的にせよ、貼りついた背中の幽霊から逃れようと思えば、商品であることをやめて、互酬性の世を生きるしかない。近代であろうと現代であろうと、互酬性だけで、生き延びることは不可能である。「神学的偏屈」もここにある。これが物神性というものであろう。

商品形態に限定されるだけではなく、人は共同体験であろうと、相互的であろうと、関係存在である。でありながら、遠い昔から、物神性にとりかこまれる状態を内視する力も持っていた。「鰯の頭も信心から」と嗤い、なにがしかの放散を開始する。論理などは、常民の心と言葉を後追いするものだと、石牟礼道子は浮き彫りにしていく。

神観念の素材となるのは「なめくじ」である。夜中にことりことりと音を立てる「もの」がいる。自分の体ほどの大きさの「ダシジャコ」をくわえて、台所の流しのタイルにぶつかっている。この夜中の音となめくじの動きを、古代や中世の人ならば、「神さま」にしてしまうのではないだろうかと思ったりする。

中世の記録にだって、揚げ羽蝶をとって神さまにしたとあるではないかと、友人に話す。

この「博学な友人」は、なめくじを神さまにしたいのかと聞く。そこで語る。

「わたしのまわりの女たちの間には、民間信仰が生きてますでしょう。あの人たちは、誰かとの世界を持ちたがっていますのね、現実には見出せない誰かとの世界をですね。そこで神なり仏なりをえらび出すんでしょうね、女たちはまだ、古代を抱いたまんまのところがあるんですよ。時代だけがどんどん過ぎてゆくんですから」

（石牟礼道子「虫から神へ」、『陽のかなしみ』所収、朝日新聞社、一九八六年。『石牟礼道子全集　不知火』第十巻所収）

初期性を持った物神性は、商品物神性のように、どこまでも貼りつくものではない。したがって、共同体の人びとにも、なめくじであれ、蝶であれ、「持ちたがる」関係への、心の傾斜が、類感現象となるまでには、作用する「何か」があるはずである。「なめくじ」を類感現象の構図にまで、展開させるのは、石牟礼道子のアイロニイも作用しているので、ここでは、時空を変換させて、中世の「蝶」で考えるしかない。蝶が神になるためには、個体の感受系が、共同の感受系となり、やがて、蝶が象徴となる過程が必要である。

原始古代（象徴をつくり出す心としては、現代でも、なにがしかの場を持っている）から中世にかけては、人は現代人よりは、ずっと多く、星を読み、日を読み、月を読む機会を持っていた。牧童などは、「目をあければ星空」といった状態のなかにいることができた。また、女たちの日読み、月読み、星読みも生命を背負っているために真剣であった。

中世までの人びとの「宇宙意識」の強度は高かったと見るべきであろう。

藤原定家『明月記』には、一二三〇年十一月八日にわざわざ天喜二年（一〇五四年）四月中旬以後にあらわれた超新星爆発の光についての記述がある。一〇五四年には定家は生まれてもいない。にもかかわらず、天文方の記録がよほど気になったと見えて、この超新星爆発の光が地球にとどいた日のことを書き記している。この光は、日本、中国、アラビアで記録され、アメリカのアナサジ族は岩面に記録している。

したがって象徴としての蝶は、宇宙意識と複雑な回路を持って蝶に結ばれているのであって、幼児的な単純さとして把握しようとするのは、現代人の思いあがりというものである。

しかしなぜ「蝶」なのかは、現代にいたっても解かれてはいない。

——どんなものでもヒエロファニー（聖なるもの——引用者）となりえ、歴史のある時点で、空間のある場所で、聖なるものの威光を帯びたことのなかったような物体、生物、植物などはおそらくひとつも存在しないだろう、ということが真実であるなら、そうした一切のヒエロファニーを歴史を通じて累積してきたという宗教はまだひとつも知らされていない、ということもやはり真実なのである。

（M・エリアーデ「太陽神と天空神——宗教学概論Ⅰ」、『著作集』第一巻、久米博訳、せりか書房、一九七四年）

中世において、「蝶」がヒエロファニーでありえた地域は、ヴァナキュラーな限定のなかにあったといえる。この限定を越える交流圏が形成されたとき、日本でのヒエロファニーは、茶枳尼《ダキニ》(1)天と狐との融合となって拡がっている。

——冒瀆の嫌ひはあるが、稲荷、東寺のくされ縁（真言密教は天部呪法のなかに茶枳尼呪法を加えている——引用者）は、此処にも見えるのである（一山茶枳尼化の傾向について——引用者）。狐媚盛んに世に行はれ、福利の神と迄なり上がったのは、茶枳尼法の功徳を説いた、東寺真言の手が見える様に思はれる。

(折口信夫「狐の田舎わたらひ」、『折口信夫全集3　古代研究　民俗学篇2』中央公論社、一九九五年)

日本も平安期に入ると、大日如来信仰のように太陽神信仰だけに集約し切れなくなってくる。神道にも仏教が習合し、加えて、タオイズムの大極(北極星)信仰なども混入してくる。この過程で、荼枳尼は、もともと、インドにおいて、大地母神――豊穣祈願対象であったために、生と死のヒエロファニーとなってきた。死の側では、カニバリズム(食人)の鬼神性を発生させ、生の側では愛の女神として観音性をふりまく。

日本において「狐媚」が、どのようにして分布し、拡大していったかを現代では解くことは困難である。折口信夫は「東寺真言の手が見える」と結論しているが、これでも「狐媚」の類感現象を納得するには弱すぎるように思われる。

ヒエロファニーには、生活実感派の物神性に発するものと、純粋思弁に発するものがある。真言系密教の思弁力だけで稲荷信仰を作れるとは思えない。ならば、狐物神であることには間違いないが、「手が見える」といわれるような技巧性を介入させたものであるかどうか、これもまた難問である。

にもかかわらず、物神性を担ったシンボルは、人の側の意識と生活の態様によって、変化する。また変化させることも可能である。今世紀に入る前後から、産炭地といえども、「地下足袋物神」に依る人びとは稀である。

この点、商品の物神性のように「狂想を展開する」程の強度は持っていないであろう。しかし物神は物神である。ヨーロッパの「衣裳物神」は前節でもすこしふれたが、「狂想」に近いものであった。次節では、もうすこしその場所化する力を見て行こう。

（1）密教系の女神、地母神。人肉を食う邪神として忌避されたり、人のなかにある邪心を消去する神々に転成したり多様である。忿怒の相から穏和の相まであり、日本では狐信仰に習合している。

性モデル物神

日本においてよりも、ヨーロッパにおいて、両性具有者差別、あいまいな性の差別は狂乱状態ともいい得る歴史を持っている。これは差別というよりは、暴圧というしかないものである。この種の場には、聖職者、医師、法律家などが加担した。

「マリ・ル・マルシスは以下ふたつの罪により告発され、有罪と認められた。すなわち男の服を着て男の名を詐称し、偽って男の性を求めた罪。（中略）さらにマリ・ル・マルシスを生きたまま火あぶりに処したのち、その遺体を灰にし、財産と遺産は国王が没収する（後略）」

（デュヴァル『ルーアンの両性具有者をめぐるパリ大学外科・薬学教授リオラン博士の論説にたいする回答』一六一四年。P・グライユ『両性具有』吉田春美訳、原書房、二〇〇三年に引用）

同書には、マリ・ル・マルシスは、「女」として成長して来た「両性具有者」であると、記述されている。

さすがに死刑に対しては、上訴がなされた。医者たちの検査の結果「女の服を着て、二五歳になるまでは結婚しないよう命じ〈いかなる男女とも暮らしてはならず違反した場合は死刑に処す〉（中略）ル・マルシスが両性具有なのか、男なのか、女なのか、同性愛なのかはっきりさせないまま、判事たちは、それは学者でさえ意見が分かれる定義不能な生き物であり、あらゆる肉体関係を禁じるべきであると答えている」（前掲書）

パトリック・グライユは、十七世紀を通じて、起ったこの種の裁判の数例をかかげている。いずれも、中間の性に対する暴圧としかいいようがない事実である。しかもそこには必ず「衣裳物神」がつきまとっている。

十七世紀ヨーロッパは、中世とはいいがたく、近代に入っている。一六〇〇年イギリスの東インド会社が設立され、アムステルダムには銀行もある。植民地を得るための競争も激しくなっていた。この頃アジアもアメリカ大陸も受難の世紀に入る。いっぽう性にかかわる規範は、「市民社会でもまだ、キリスト教が求める定型でしばる」となっていた。

しばしば一神教は、人の観念の抽象度の極みから、多神教やアニミズムを圧倒したと考えられて来た。しかし、生命態としての少数者に対しては、法律や科学まで参集させて、「精神の腐敗」そのものとなって、現実社会に横行していた。一神教から派生した文化が多神教やアニミズムに比べて高級なわけでは決してあり得ないのは、十七世紀フランスの衣裳物神による狂暴からも推定できるものである。

歴史として刻まれた時空の記憶には、文化ほど差異性（地域による）を持つものはすくなく、「理解」を拒絶する様態を示しつづけてきた。

「衣裳物神」もまた、ニューギニアの一地方では、キリスト教社会にたいして異相を示している。

——文化というものはけっこう安定することなどなく、自滅にむかって変化をエスカレートさせていかなければならないことになる。そのようなエスカレーションをわたしは〈分裂生成 schismogenesis〉と名づけ、それがとりうる主な形態を二つに分類したが（対称的分裂生成と相補的分裂生成——引用者）

（G・ベイトソン、M・C・ベイトソン『天使のおそれ』星川淳・吉福伸逸訳、青土社、一九八八年。引用文中の「わたし」はG（グレゴリー）

イアトムル族の調査は、一九三〇年代、当時の妻、マーガレット・ミードと共におこなわれた。ベイトソンは「ナヴェン」といわれる儀式で男が女装し、女が男装する状態を見て相補的分裂生成といった語を創出したが、マーガレット・ミードのほうはこの根にある慣習のほうに習俗の定着をつきとめている。

——小さな男の子は女の子と同じぐらい人形をかわいがる。そして、思春期の若い少年ですら、赤ん坊と遊んで時をすごすのである。物腰でも彼らはおどろくほど女性的で、なよなよしていて、大人になった彼らの特徴である。大言壮語する高びしゃで、強情なふるまいの兆候はほとんどみえない。

（M・ミード『男性と女性』上、田中寿美子・加藤秀俊訳、東京創元社、一九六一年）

ミードは、イアトムル族の男たちは少年期まで母親のところで育ち、自己認識も女の中にある。従って、男たちの公的生活の威勢のよさを夢みるよりは、母と暮らした幼児期の幻想につねにたちかえっている。この男の子は十代のはじめ、女たちによって、本人の意志に反して、男たちの集団のなかに追いやられてしまう。本人たちはいやでしょうがないのである。

男たちの集団に入れば、「男性的すぎる」ほど「男性的」であることが要求される。したがって男性集団内部の同性愛者はない。（まぎれこんだ他種族の男たちにたいしては、同性愛もあり得る）

イアトムル族が儀式の折に、男と女とで、それぞれの衣裳を、相手の性のものに替えるのも、「ははのくにへの幻想」を実態化させたものだともとれる。『古事記』にも、スサノヲが「ははのくに行きたい」と山も海も泣き涸らす説話が混入している。その後のスサノヲの行動に照らしても、いかにも異様であって、他種族の共同幻想の混入を思わせるものがある。

イアトムル族が祖型の一部なのか、『古事記』のほうが祖型の記憶から来たものかは現代からは、推測しがたいものではあるが。

イアトムル族の慣行は、二十世紀のものである。民俗学者の調査は、歴史過程を欠いているので、ベイトソンのいう「相補的分裂生成」にしても、「安定しない文化」がどのようにして、この相補性を定着維持させたかはミードの著書とベイトソンの著書との対照によって推測するしかない。

いまここで言い得ることは、衣裳を通して、そこに呪力を持ち続けている種族の共同の意識と、十七世紀フランスの禁制のどちらに人としての同意を示し得るかということである。

ベイトソンは、イアトムル族を呪術性の強い種族と見ている。さらに、マーガレット・ミードの観相には、男性集団のなかでは、「男性的すぎる男性」の行動の強制について展開されている。となれば、この集団の内部は、対立抗争を生む。すなわち、対称的分裂生成となるものである。私たちは、この対称的分裂生成の危険な作用域を、人間の活動のあらゆる場で、見もし、聞きもしてきた。歴史書に刻まれている。(G・ベイトソン『精神と自然』佐藤良明訳、新思索社、二〇〇一年参照)

イアトムル族は男性原理に傾きすぎる集団の内部を、幼年期の記憶にきざまれた女性原理を儀式によって復元しようとする試みを残してきた。この復元力が二十世紀まで保持されたのは、精神－意識界の両性具有性であろう。これは、ヴァナキュラーな価値観にもとづく生活が、いまだ失われていないからでもある。(二十一世紀はじめまで持続されたか否かを私は未知のまま残している。)

いっぽう十七世紀フランスの両性具有者にたいする暴圧は、どのような対称的分裂生成を経て現代の事態にいたっているのか。あるいは、なにがしかの相補的分裂生成によって現代の姿をとっているのかは、いまひとつはっきりしない。

宗教は自らを裁くことはしない。謝罪もしない。両性具有者が、法の決定とは異った性の衣服を身につけることに、「死刑」を言い渡した事実の累積に対しては、俗界であろうと、聖界であろうと、「何時のまにか」、民衆の意識の側に、「下駄をあずける」形をとっている。

「下駄をあずかった」民衆の意識界を改変したのは何か？　これは、今後も共同の意識界の結節点を探るしかない。

十七世紀の両性具有者裁判でも、市民たちは、世論をわけて、騒ぎもし、批判もした。中世以後、外見の女性でジェンダーの男性や、外見の男性でジェンダーの女性を作家たちは扱って来た。宗教界、法律界からの妥協はしだいに定着してはいる。

世界の有神論者的大宗教はそれぞれ最高神に種々の心性をみてきたが、それらの特性はほとんど例外なく人間をモデルとするものだった。神々のイメージは、愛情深かったり、気まぐれだったり、辛抱強かったり、寛容だったり気短だったり、狡猾だったり清廉潔白だったり誘惑に乗りやすかったり、子どもっぽかったり大人びていたり、男性的だったり女性的だったり無性的だったり、といろいろだ。(前掲『天使のおそれ』)

これらは対原理としての「神」と人との狂愚の諸相であるともいえる。中間の性の登場は、より多様化された狂愚の相をとることになる。ここに起こるであろう分裂生成を、これより、ベイトソンの方法への接近と分離を繰り返しながら、試行し続けることにするつもりである。

聞き書きの事例——二分法のゆらぎ

異質の他者を、まず受けとめたい。私がそう願ったのは、自己主張を武装で鎧う時代を幾世代となくつづけて近現代へと至った人間の、切なさゆえである。

(森崎和江『いのちへの旅』岩波書店、二〇〇四年)

この世は「異質の他者」の多様性のもとに、絶え間なくゆらいでいる。にもかかわらず、数多くの論理は、人(性差をもふくめて)を、正常と非正常に二分して、規範を作りつづけてきた。この状況は産業社会による核家族の組織化によって、いっそう人びとの心を縛りつづけている。この縛りでの判断は、こと庶民にたいしては、当てはまるものではない。

石牟礼(この部分は「サークル村」で語られていた左翼の観念語をそれなりに意味あるとしなが

ら）でも庶民はおもしろいですね、生態学的に使い分けるんですよ、対応の仕方を、仲間たちだけのときと、そういう一種のお客さま用の言葉で言わなきゃならないときは、パッと、演劇のなかに入っていくように言葉つきをかえる。

（鶴見和子・石牟礼道子『言葉果つるところ』藤原書店、二〇〇二年）

この部分は、『苦海浄土』第三章「ゆき女きき書」をめぐって、「聞き書きではない」と言及されたことへの、年月をかけた石牟礼道子の観相である。

たしかに、やかましく分類規定されるならば、「ゆき女きき書」は「きき書」とはいえないであろう。しかし逆に聞き書きには達していないとするのは偏見である。

人びとが現代にも曳いて来ている「きき書」の頂上部分を占めるのは、『論語』『古事記』『万葉集』などであろう。これらは、声の文化が支配していた時代、聞き手が、事態を「ほどほど」に創出することなどを、自らに許さなかった場における作品群である。

声の文化の時代、文字化にあたって、太安万侶は書く。

——然《しか》れども、上古の時、言 意《ことばこころ》並びに朴《すなほ》にして、文を敷き句を構ふること、字におきてすなわち難《かた》し。已《すで》に訓によりて述べたるは、詞《ことば》心に逸《およ》ばず、全く音をもちて連ねたるは、事の趣更に長し。

（『古事記』、前掲書、太安万侶序第三段）

『古事記』書き上げの七一二年、日本（六八一年、天武帝一〇年、飛鳥浄御原令編纂開始の頃から日本となったとする）に固有の文字が存在したか否かは、いまだ不明である。従って『古事記』は、漢字から音を借り、意を借りして、変則漢文で、稗田阿礼の誦む（この点についても、語り説、読み上げ説多様である。西郷信綱はその著『古事記研究』未来社、一九七三年において、太安万侶は、漢文の能力だけではなく、その出自からして、阿礼の語りがわかる人であったと究明している）ところを、書き上げた。しかし、歌謡だけは、音をそのまま文字に移す手法をとっている。さらにこの手法は『万葉集』にも受けつがれた。

現代では声の文化と文字の文化との分離と接近の矛盾とその止揚法について、検討しておいて、「聞き書き」とした作品は稀である。

『万葉集』（八世紀末から九世紀にかけて成立した。全二〇巻の最後の歌を大伴家持が詠んだのは七五九年）にも、文字表記には、漢字から音を借りた家持の手法が記されていると見てよいであろう。

この頃文字による表記法の浸透の拡がりと深さは、現代からは推測することは不可能に近い。しかし、『正倉院文書』には、かの「貧窮問答の歌」(山上憶良、『万葉集』巻五・八九二)の起因となった「計帳」があり、「戸籍」もある。この作成には里長《さとおさ》(五十戸里制)もかかわっていた。文字表記が出来なくて、「戸籍」「計帳」などが、書けるわけはない。従って、七世紀頃には、文字は貴族だけに独占されていたわけではなかろう。

となれば、文字を使うことができるものが一里にすくなくともひとりはいたことになる。この人びとは、現代とちがって、他者の発語を太安万侶のように、聞き留め、書きとめることが可能であったと考えることができる。声の文化の時期は、「書くこと」に先行されない歌詠が人びとの間に湧き出ていたと見ることもできる。現代の代筆などではない、まことの「聞き書き」がなり立つ場があった。その事情が、『万葉集』の遺存の基層でもある。

現代、『万葉集』が、読書会などで使われるとき、「文字を知らない人びとに、歌が創れるとは思えない」と、語る人はいるものである。この種の発想は、古代の『万葉集』の時代、人びとは、現代人よりも、すぐれた「聞きとり能力」を持っていたことを忘れている。文字文化に先行される必要はなかったのである。加えて、歌を泉のように湧き出させる人は、多かった。このことは歌垣の遺習俗からも推定できる。

当時、日本の人口六百万（推定）から見れば、庶民のなかで歌を湧き出させる人は、少数派であったかもわからない。しかし三一三年[1]から七五九年までの期間の四五一六首のなかに庶民の歌がかなり混入していても不思議ではない。

『万葉集』は古典にはちがいないが、収録歌すべてが名歌なのではない。むしろ、類想歌のあまりの多さに、うんざりするほどである。（中略）

しかし、それでも『万葉集』は面白く、私たちをひきつけてやまない。それはなぜなのだろう。千三百年まえに生きた人たちの心情、その喜怒哀楽が、今を生きる私たちのこころにピタリと重なる。重なるだけではない。ともすれば、彼らの心情の器の方が大きく、ずっと生き生きしていて直截であることに気づく。体で生きて、体で考えて、体で行動して、体そのものがこころ。そういう、人間本来が持っている自然のエネルギーが随所に生き続けていることに気づくのだ。

（河野裕子「万葉女流たちの心性と言語表現」、『女と男の時空』Ⅰ「ヒメとヒコの時代——原始・古代」所収、藤原書店、一九九五年）

人は、『万葉集』を読む場合、自己の存在論との同一性と差異性のあいだを、ゆらぎつづけている。加えて、その存在論のなかには気付かないうちに「大数の法則」を混入させている。無理もない。失業率〇〇パーセントとか、内閣支持率〇〇パーセントとかが、人びとの関心をひく時代である。加えて平均身長から平均収入にいたるまで、計量されている。「平均値」は、この国における自己の位相となって、人の観念域を縛る。

――「大数の法則」はあまり役にたたない。システム全体から見れば微々たるゆらぎでも、決定的な形で平均値を変えてしまう可能性があるからだ。不安定相に入ると、いかなるアプローチによるモデル化も無力なのである。

(E・ヤンツ『自己組織化する宇宙』芹沢高志・内田美恵訳、工作舎、一九八六年)

「こんな語りができる百姓はいない」「これだけ語れる漁師はいない」「文字を知らぬ庶民が歌を詠めるわけがない」と人びとは大数の法則に、まるごと包み込まれていて、疑いの言葉を発し、きめつける。

『論語』『古事記』『万葉集』の時代ほど、「聞き書き」をする人びとの耳はよくないが、それでも「聞き書き」は、「事実」を基底において、許される範囲での、ゆらぎ出ている海藻や花や樹々のようなものである。

この関係は「ゆき女きき書」にも、示されている。

「ゆき女」にあたる人を病院に見舞った人びとは言う。「石牟礼さんのゆき女きき書のような口調だ」と。『苦海浄土』は患者さんたちにも読まれていたのだろうかと考えてみたりする。

「大数の法則」にとらわれずに、この事態を考えるとすれば、人は「観念語」を使わずに「おしゃべり」をするとき、おのが気を深く入れていればいるほど、「語り」は相乗し、有意味であろうが無意味であろうが、観察と表現は面白くなっていく。脳のどの部分が記憶しているかなど、整理しようとするのは、野暮である。人と人とは相互に作用し、チャンネルは次々につながる。「おしゃべり」の場所化はこのようにして累積する。

人類の言葉は、意志の伝達のために発達したよりも、むしろ「おしゃべり」の場所化によって発達したと、最近の研究は示しはじめた。

石牟礼道子は、場所化された言葉の累積を咲き出る花たちのように、灰神楽を舞わすように、文字の文化を声の文化につないだ。もはや、聞き書きであるか否かを問う必要はないであろう。

同様に、A＝B、B＝C、したがってA＝Cといった論法を、おかしいと見做す心が、媒介の役割を担うのである。

「A子は女である」「女の第二三染色体はXXである」「したがってA子の第二三染色体はXXである」と言い放つのは、ゆらぎについて考えもしない精神の業として次項で考えたい。

（1）三一三—七五九年までの収録。三一三年仁徳年次は未詳。『日本書紀』からの推定による。第二巻に、皇后磐《いわの》姫の歌が採録されているためである。日本史の年表で年次が定まるのは、推古年次五九三年からである。

ビット物神をめぐって

生命体は、二分法をどこまでも貫徹させて、それでよしとする場ではない。

——区分が厳格なときは、規範から外れたヴァリエーションをどこかの区分に適用することは簡単でない。したがってヴァリエーションは否認されるか、無視されるか、もっと悪いことには「異常」というレッテルが貼られる。

（「性は定義できるか——生物還元主義による『正常』の嘘」、ジーザラ・T・キャプラン、レスリー・J・ロジャーズ著、竹村和子訳、『現代思想』青土社、一九九二年五月号）

この論文には、『サイエンス・ジャーナル』第六巻第六号（一九七〇年）の、「ヒトの性の変域」が表として整理されている。この整理は性の多様性を、〈正常〉と〈異常〉に分けることへの、批判をこめてなされたものである。生理学の場から、ヒトの染色体やホルモン量を測定して、意識との相関を考える手法は、未熟な科学者が、他者性を自己に照射できないときにおこなう手法である。

ここには、ヒトの第二三染色体をめぐって、XXであっても、「正常女性」とその他のものが分類呈示されている。ここで「正常」とは、ただの多数派であるにすぎないにもかかわらず、なにがしかの生物学的決定論が導入されている。人権無視の不快きわまりない類別ではあるが、列記して、生命体に対する生物学的決定論の科学からの遊離の現状を知る資料としよう。

以下はいずれも第二三染色体に関わるものである。

・体質的単純男性化のXX〈アンドロゲン〈男性ホルモン〉過多。生理は不規則の場合多し。性意識は女〉

・副腎性器症候群男性化のXX〈アンドロゲン過多。生理なし。性意識は女〉

・女性ホモセクシュアルのXX〈エストロゲン〈女性ホルモン〉平均値に近い。アンドロゲン平均値に近い。生理不規則の場合あり。性意識は男または女〉

・女服装倒錯のＸＸ（エストロゲン・アンドロゲンともに平均値に近い。生理不規則の場合あり。性意識は中性または男）
・真正両性具有のＸＸ（アンドロゲン平均値に近いか低い。生理はない場合が多い。性意識は女または男）
・ターナー女性であるＸＯ（アンドロゲンは低い。生理はない場合が多い。性意識は女）
・男中間性睾丸性女性化現象のＸＹ（エストロゲン・アンドロゲンともに平均値に近い。生理なし。性意識は女）
・クラインフェルター男性のＸＸＹ（エストロゲンは平均値に近い。アンドロゲンは低い。性意識は中性または男性）
・男服装倒錯のＸＹ（エストロゲンは平均値に近い。アンドロゲンは低い。性意識は中性または男）
・男ホモセクシュアルのＸＹ（エストロゲン・アンドロゲンともに平均値に近い。性意識は男または女、または両方）
・体質性単純女性化のＸＹ（アンドロゲンは低い。性意識は男、まれに女）
・他（納得できない表現――例えば正常――については引用者が平均値と変更した。この表には正常女性、正常男性といった項目があるが、ここでは削除した）

ここに例示しただけでも、性差はゆらぎを示している。にもかかわらず「正常」と「異常」に二分する手法は貫かれている。ゆらぎこそ自然現象であり、自然現象の多様性そのものである。

ジーザラ・T・キャプランとレスリー・J・ロジャースは『サイエンス・ジャーナル』の分類表について示す。

――一次性徴や二次性徴の基準から外れたものに「病気」というレッテルを貼る医学モデルは、医学的企てなどではなく、社会的属性や価値観に根をもつ社会的企てと見なされなければならない。

（前掲論文）

医学者や生理学者の熱意のなかには、なんとかして、中間の性の人々を、医学的手段によって、平均的な女か男のなかに変成したいといった試みもあるであろう。平均からはずれるならば「本質的な認識へ至ることは不可能」（十一頁参照）といった精神上の差別を受ける機会も多い。「病的」なのだから、身体上の「異常性」を取り除くのは、医者の責任であるという方向に傾いたりする。

しかし凝視を欠いた行為はつねに「悪をなす」。前掲論文にも、「過剰」としかいいようもない処置のいくつかが提示されている。前頭葉白室切断・帯状回器官切除・視床下部脳障害手術・反アンドロゲン療法・嫌気療法などなどが、〃ホモセクシュアル改造〃に使われる。

これらはすべて、生命体の自然に対する、科学の側の、過剰な対応である。科学者たちが、この過剰さに対する不信を示さないだけに危険な対応である。

しかし、科学の凝視不足にたいする年月をかけた批判と阻止がないわけではない。

科学者は、きわめて憶測性が強く社会に分裂を生じさせるような仮説の追求に対して、自制心を働かせるべきだろうか。それともこの社会的責任という概念は、自由な研究の精神からは嫌われるものなのか。これと似たような問題は、一九六〇年代末にハーバード大学医学部の研究チームでも持ち上っていた。このチームは、Y染色体を余分に持って生まれた男性（XYY型男性と呼ばれる）が犯罪行動に走りやすいという仮説を研究していた。これに対して同僚から抗議の声が上がり、研究の手法が非難され、仮説の根底にある思想にも反対の声が上ったため、研究は打ち切られた。

（S・クリムスキー『ホルモン・カオス』松崎早苗・斉藤陽子訳、藤原書店、二〇〇一年）

打ち切られたのは幸いであった。この種の研究には、つねに優生思想がつきまとう。悪くすれば、胎児の細胞をチェックして第二三染色体がＸＹＹであるならば、人工流産を奨めないともかぎらない。また生誕後に、ＸＹＹと認定された場合、「凶悪犯の可能性」に過剰な防衛意識を潜行させて、少年期であろうと成人男性であろうとにかかわらず、陰に陽に監視するようなことがおこなわれたらどうなるであろう。こんなことが人として許されることであろうか。

多くの科学者は、純粋に科学的な探求に対して完全自由主義の立場をとっている。その立場によれば推測を打ち立てる権利とその裏付証拠を追求する権利は、政府や世論によって制限されてはならない。
（『ホルモン・カオス』前掲）

対象が人である場合、「完全自由主義の立場」には、人倫にもとづく制限は必要であろう。人を傷つけ苦痛を与えるような実験には、壁を設けておく必要がある。となると、人ではない動物で代替されるわけだが、人と他の動物の間には、言語と脳の場の差異がある。

この差異にむかって結論を出そうとすれば、推測によるしかない。

また直接人を実験と観測の対象とした場合、その実験過程は、どこでも誰でもが、検証可能なようにしておかねばならない。さらに反証の可能性は、すべて検討される必要があろう。「例外はいくらでもある」といって涼しい顔をしているわけにはいかない。

しかし、自然学の場でさえも、反例を見つけることは、たやすい事ではない。決定論ならば（例外なしの）、たった一個の反例でくつがえすことができる。難関は、例外なしの決定論など存在しない「ゆらぎ」の場への「科学」への介入である。この種の場では、「平均値」だとか多数派が幅をきかす。

そこから「結論」らしきものが、生活者にむかって放散される。生活者の側は、追認をおこなうだけの設備や資料を「どこでも誰でも」が持っているわけではない。なかでも「ワット（エネルギーの単位）本位とビット（情報の単位）」が、物神性を強化しはじめていると き、生活者がなし得ることは、観察を推測と実験がなされた期間（人ならば、すくなくとも三世代）とサンプルに対する疑問の提出と、哲学的思弁と倫理学的批判と社会内部で展開するであろう内発的発展と、法政治上で対応の要求であって、追認のほうは、「専門家」が提出する同意と反論を見守るしかない。加えてマイノリティ無視に傾きがちな意見に対しては、カオス理論（この展開については後述する）に心を及ばせて、変更をせまる用意だけはしておいたほうがいいであろう。

こうなると生活者にも無限ともいえる責任が生じてくる。この責任の意識が具体化されると、前掲『サイエンス・ジャーナル』のヒトの性の変域をめぐる「心理的性意識」などは、決定論の愚と見做される。ここから、科学者の側と生活者の側との対立が生ずる。

ここで次の事態が対称的分裂生成となるか相補的分裂生成となるかは、ビット本位社会への問いかけにある。脳をどこまでも、ビット本位の機械語(1)に犯されたままにしておくわけにはいかない。

「凝視を欠けば悪をなす」といった法則のなかにあって、懐疑のなかに狂い果てるか、それとも、困難にもめげずに、次の事態の導体となるかは、この忙しい時代にも、「生活者」に迫ってくる課題である。

生活者の意見に「聞く耳をもたない」専門家がいる限り、次にくるのは「対称的分裂生成」であろう。

（1）機械言語とも。コンピュータによって、実効性を持たされた言語。オン・オフの組合わせが素材になっているために、どっちつかずなものは切り捨てられる。アナログ系の連続性よりデジタルの有限性を基本にする。

騙し絵の事例から——続・二分法のゆらぎ

事態は、つねに騙し絵の構造を持っている。「裏がある」「裏をとる」では、この構造に近づくことはでき難い。「裏」とは、解釈のゆらぎ、判断のゆらぎを集約し、補強する役割を背負うものを意味する。騙し絵のほうは、その図をとるか地をとるかによって、異相の場を創出する。

ひとつの例を「地域としての水俣」にとるならば、ここに対立因子ともいうべき、二種の記述によって、人は、暗示にかけられる。

ついこの三、四十年くらい前まで、わたしのまわりに確実に遺存していた自然人というか、自然神の感受性ともいうべきものが思い出されるからである。

人の悲しみを自分の悲しみとして悶える人間、ことにそのような老女のことをわたしの地方では〈悶え神〉というが、同じく人の喜びをわが喜びとする人間のことを〈喜び神さま〉とも称していた。

（石牟礼道子「自我と神との間」、『陽のかなしみ』所収、朝日文庫、一九九一年。『石牟礼道子全集　不知火』第九巻所収）

石牟礼道子の『苦海浄土』を読んだ人びとは、彼女の数多くの著作によって、「地霊・神霊の水俣」といった幻視領域を、自己の内面に増殖させていった。「悶える神」は、一片の実在性もない、夢想による創作ではないであろう。

ここでは、「騙し絵水俣」の地がとられ、表現・創出されている。

いっぽうには、図をとったものとして、谷川雁の記述がある。

――ちかくに子守女たちのたむろする橋があり、長泣きする子は背負い帯で胴をしばられ、欄干ごしに水面すれすれまでおろされた。帯の片はしを持ち、ゆっくりと上下させては恐怖のあまり泣きやむのをなぐさみにしていたっけ。ほし柿同然につるされた幼児が三・四人、ヨーヨーみたいに天国と地獄の間を風にふかれてゆききしている。

これが私の眼に映った最初の〈社会〉だ。

（「〈白い眼〉のエロスの隣り」、『極楽ですか』所収、集英社、一九九二年）

子守女たちのこの種の「遊び」は、恒例となることなど、あり得ない一過性の現象であろう。人里離れた森林の橋でない限り、やがて大人たちの眼に止まり、騒ぎを引き起こしてしまう。しかしこの一過性は、谷川雁にとっては、強く刻み込まれた図であった。いち度でも、「ヨーヨー幼児」を眼にした人は、〈社会〉を、階級による二分法でいっぽうに善意を他方に悪意を見る情感を持つことはできないであろう。場所・状況・位置・関係などが織りあげる複雑な構図が、因子ごとに鬩ぎあう様相として、人間性を見ざるを得ない。

人は何によって、おのれの対峙力を鍛えるのかと。水俣の患者さんたちの位相は、つぎのように考えられる。

——岡本達明・松崎次男編『聞書・水俣民衆史』の語るとおり、村の日雇より八銭安く、会社勧進（乞食）とよばれ、道でも顔をそむけられた〈南九州の神武たち〉とその子孫、これが精神の純粋種としての〈第一の水俣〉です。(中略)〈第二の水俣〉は水俣病患者の層です。かれらは身体性に富んだ思想的な発言で都市住民をおどろかしたが、あなたのいうように、ちっぽけな泉水にひとしいあの海との接触だけで言葉を養ってきたとはいえません。かれらをきたえたのは〈第一の水俣〉の白い眼です。

(谷川雁「〈非水銀性〉水俣病・一号患者の死」、前掲書所収)

ここには、地をとりつづける石牟礼道子と図をとる谷川雁との〈対称的分裂生成〉が、際だった色調を持って、展開されている。

この対称性のなかに、ゆらぎが生じ、石牟礼道子の芸術力によって、ひとつの機会が新しく創出され続けた。また患者さんたちも、その機会の体現者となって、それぞれの日常性を超えた。

衝撃を受けた「都市住民」たちも、階層分析によって語られなくても、わかりきっている日常性についての図示よりも、仮に幻視領域を内在させていたとしても、地から受けた衝動によって、ひとつの機会は自転力を持った。

都会から水俣病の支援にやってきた、さまざまな分野の人たち。この水俣という、海の浦は山、山の表は海であるところ。甘夏柑の段々畑が、ひと山、ふた山、み山と続くカドミユウムイエローの大きな水玉模様のようにばらまかれた山の裾野に、何十人もの人々が住みついてしまった。ここを終の栖み家とした人たちの心がわたしにもつたわってくる。

（田部光子「魚族の怒り」、『夢劫の人——石牟礼道子の世界』藤原書店、一九九二年）

「都市住民」たちによって、図と地の対称的分裂生成は、ここに示されたように、しだいに〈地〉の力を増大させていく。

この地の力が、しだいに大波となっていったのは、一九七〇年十月二八日、チッソ株主総会に患者巡礼団が、御詠歌を歌いながら、千人の一株主を従えて乗りこんだときである。御詠歌などは、「都市住民」にとっては、許容し難い異文化でしかなかった。その「異文化」が、都市型の観念を吹き飛ばし、人びとの眼を瞠らせたのである。

ここで〈地〉の機縁は、強力な色調を持って浮上してくる。もはや地霊物神を思弁によって排除しようとする力は、しだいに弱々しいつぶやきに近づいていく。

水俣の地に唯一神信仰、光と闇を分ける創世主信仰がまったくなかったわけではない。唯一神信仰による重力は、石牟礼道子のアニミズム・プレアニミズムによって、注意深く阻まれていった。唯一神信仰によって、人びとを支配させてはならぬとする覚悟のようなものがあって、自然の現象の内界を占める気配物質を「訪れる神」として民俗のなかから蘇生させた。この神々は、都市住民たちの「科学性」によって、拒絶されることのない神である。

水俣病をめぐる闘いには、つねに、演劇空間が創出されつづけていた。一九七〇年の白衣の巡礼装束と御詠歌と鉦《かね》のひびきの顕示力に、魅せられた人びとは多い。それだけではない。黒地に「怨」の文字を白く染め抜いた、黒色吹流しの裁判毎の林立は、地によって発せられたメッセージを「図」が受け表現形態を得たようなものである。こうなれば、図と地は、相補的分裂生成へと、その相を移す。

〈地〉をとることは、現在では石牟礼道子作・新作能の『不知火』の東京・熊本・水俣での上演（二〇〇三―〇四年）となって、「鎮魂」「回生」の舞となっている。内在する凝視の場を示すものとして、「上演詞章」から一部を引いてみよう。

（コロスA）　汝、生命界を護持する神族のひとりなれば、汝が愛児常若《とこわか》をしてこの産土《うぶすな》の地を、地表といはず地中といはず、その水脈をなべて毒見させ、浚へさせ、その命脈をゆたかならしめよ。

（コロスB）　はたまた、常若が姉にして海霊《うなだま》の宮なる不知火《しらぬひ》に命ぜよ。海霊とは生類の祖《おや》にして、おのずから華やぐものゆえに、海より生ずる幽火をいふなり。不知火はそを祀る齊宮《さいぐう》なれば、己が生身を焚きて魔界の奥をも照らし、陸《をか》と海との豊饒の、幽祭を司どる海霊《うなたま》の宮の本殿に、み灯りを奉るべし。

（「不知火」上演詞章・台本、『不知火——石牟礼道子の世界』所収、藤原書店、二〇〇四年）

〈地〉による蘇生力が、いよいよ核心にせまってきたものとして、人びとは能『不知火』をみることができるであろう。現代人の耳は、上演中に、地謡や詞章を、すべて聴き取ることは不可能に近くなっている。ただ謡曲を習っている人びとが、聴き取れる耳を持っているくらいである。したがって、テレビの放映なども、字幕つきである。この点は歌舞伎とは異なっている。観客たちは、能役者の所作、衣装、面、音曲によって、感動の極に達する。ある種のカタストロフィ現象が起こる。

ここでは、文字化された言語は、一種の「あいまいさ」の内部に沈み込み、沈潜することで力を発揮する。その沈潜するものへの憧憬は、詩と人の知との「ゆらぎ」として、詩人たちを誘ってやまぬものとなっていく。

水俣をめぐって、〈図〉を主張してやまなかった谷川雁にも、能を書くことへの、念願があった。

「みんなが俺を忘れた頃に、能を書くことから始める」――能を書く。なるほど、彼が書き始めた「能」というのが、あの宮沢賢治の物語であり、人体交響劇です。あれは、彼の中で発酵した一種の能なんです。言葉であり、音楽であり、視覚的なもの。あらゆる感覚を動かす一つのやりかた。それが彼の方法だったんでしょう。

（鶴見俊輔「彼がいた」、熊本近代文学館「谷川雁の世界展」特別講演録、第Ⅲ期『サークル村』第四号所収）

ここに来て、水俣に発する〈地〉と〈図〉は、深層の場において、通底し、相補的分裂生成となって、浮上しはじめていると見ることができよう。

インドにおける〝中間の性〟――「ヒジュラ」考

「ヒジュラ」は、男でも女でもないジェンダー役割を担う文化として、インドで民俗化されている、共同生活体である。

心的統合の要となっているのは、母なる女神「バクチャラ・マータ」崇拝である。身体上は、自らの意志で去勢した「男」であるが、「女」に性転換したわけではない。中国の宦官に似ているが、宦官は母神崇拝よりは、文化の一端を担う傾向を持っていたという点で異なる。

現在のところ、研究は、文化人類学者たちによってなされている。その一例として、セレナ・ナンダ著『ヒジュラ――男でも女でもなく』(蔦森樹、カマル・シン訳、青土社、一九九九年、原書一九九〇年)を参照しながら、媒介としてヒジュラが担い続けている場と作用図を見ていくことにしよう。

第一に、ヒジュラの人びとは、「性同一性障害」の人びとではなく、両性具有者でもない。生まれながらに、「去勢意志」を持っていると自認している。ただし第二三染色体との関連は未だ記録されてはいない。XXYの混入についても言及されていない。

ヒジュラの伝統的な役割は、祝祭の担い手である。儀式を執り行い、歌い踊り、娯楽を提供する。

灼熱のパンジャブ地方の太陽に焼かれた人垣が、生後六週間目の幼児ラーマを祝福するためにその午後に集まっていた。午後二時半、手拍子とドラム、そして足首につけたバングル（鈴）の音が、ヒジュラたちが到着したことを告げた。宙に投げられる彼女たち（擬制として使われている彼女という語——引用者）のラメのスカーフ、眩い大量の宝石、そして彼女たちのパフォーマンスを伴奏する両面打ちの太鼓……（以下略）

（『ヒジュラ』前掲）

到来の端緒から、ヒジュラたちは、大音響と、極めつきの華麗さを顕示している。踊りつづけている間に、「おひねり」に当たるものが、祝祭の依頼者たちと、観客たちから差し出される。ついで踊りが終わったとき、一家の年長者から礼金を受け取る。ヒジュラたちの神は、パールヴァティー（シヴァ神の妃）とバフチャラ・マータ（バフチャラの母神）である。パールヴァティー〈山の娘〉は、ヒンドゥー教の、最高の女神であるデーヴィー（恵みと狂暴の両面を持っている。あたかも、ギリシャ神話の大地の女神ガイアと夜の女神ニュクスを合成したような女神である）の一面をあらわす女神として位置づけられている。

最高の女神デーヴィーは、合成された強力な神霊力をまとめて崇拝されるよりは、地域やグループによって、多様な側面のそれぞれを名付けられて崇拝されている。

この様相は、生命体の複雑性に対応するアニミズム的多神教が、多様な神のそれぞれを崇拝する共同体を作ってきたインド社会の特異性を示している。あたかも、胎蔵界曼荼羅（女性原理）と金剛界曼荼羅（男性原理）が、入りまじり、それぞれの神が、それぞれの思想を持ち得るかのようである。インドの四種のカーストは、しばしば、インド社会の淀みとして語られてきた。すなわちバラモン（祭官）、クシャトリヤ（武人）、ヴァイシャ（農民）、シュードラ（隷民）の四種類と移住民からなる不可触民である。

しかし、事態は、単純ではない。物乞いをする困窮のバラモンもあれば、経済力を持った「下位」のカーストの人びともいる。精神性の高低でもなければ、知性の高低でもない。

カースト制をとりながら、文化の面での入り混じりと、取り込みの様相は、日本人の眼から見れば、複雑性をもって共生しているように見える。カースト制を否定してきたヒジュラの人びとも、バラモンからばかり出たわけではないが、一種の祭司に似た役割を担っている。

タマーシャ（ヒジュラ集団のリーダー――引用者）は最後の身振りで、祝福のために幼いラーマの頭に両手をかざし、彼女が持っていない何物か――新しい生命を創造する力、多くの息子に恵まれる力、彼の血統の永続の力を、その子に与えた。この役割において、ヒジュラたちは最も深い尊敬を与えられ、加えて彼女たちを取り巻く世界との関係で、彼女たちのアイデンティティを定義するのもこの役割である。（『ヒジュラ』前掲）

「彼女が持っていない何物か」を与える。この媒介は、ヒジュラの人びとが、自らの意志によって「去勢」した人びとであることによって可能である。

媒介者としては、肉体上の男または女であってはならぬとする思想が、インド社会に根づいていなければ、「最も深い尊敬」など与えられるわけがない。

この根づきの歴史過程については、文化人類学の手法では、究明できなかったと見えて、セレナ・ナンダによって記述されてはいない。

加えて、この「最も深い尊敬」は、共同生活体を寺院や修道院を、作らせるところまでには到り得ていない。このヒジュラの媒介の役割は、「手かざし祈禱」と祝祭の歌舞を、相乗させるところにある。

この状態は、途切れることなく、日常化されて、ヒジュラの人びとの生活を支えるに充分なほどの基盤となっているわけではない。

ヒジュラの人びとは、生活の資の不足から売春をする場合も多い。（ヒジュラは、インド全体で五万人と推定されている。共同生活体の構成員は、永久メンバーと一時メンバーとがある。）

ヒジュラにも家系がある。しかしこれは血縁としての家系ではなく、象徴としての家系である。現在七つの家系があるが、日本の宗教教団のように、本山と末寺などといった関係はなく、七つの家系のあいだに、優位差はつけられていない。職業も雑多で、そのなかには売春も物乞いもふくまれている。ヒジュラにとって売春は仕事として認められているが、泥酔し乱れることは許されておらず、ヒジュラの家系から髪を切られて追放される。ひとつの家系から追放されれば他の家系に移れる訳ではない。

ヒジュラの内部では、カースト制度は通用しない。出身の「カースト」もさまざまである。従って、カーストを問わずに食事を共にする。

ヒジュラのグループは、祝祭の場を得るために「縄張り」を持っていて、都市では、産婦人科病院を絶えず見回り、産婦の家に、「家系」の印をチョークでつける。しかし、縄張りをめぐる対立抗争はないようである。この点では、家系をつなぐネットワークがしっかり結ばれていて、全国規模の集会もおこなわれている。

セレナ・ナンダの著書には、むしろ、住民の側が、祝祭の礼金の相場をめぐって恐れている事情が書きこまれている。礼金がすくなかった場合は、極端にエロティックな示威をして、侮辱する。日本の「やくざ」の「みかじめ料」に似ているが、暴力を振るったりはしない。従って、ヒジュラの人びとは、インド社会のなかで住民たちから「恐怖」と「尊敬」の入り混じった眼で見られる集団を形成している。

植民地支配期、イギリス政府は、「近代性」の原理をもって、禁圧を試みたが、ついに成功しなかった。

物乞いをするヒジュラの権利の承認と、他の集団からの彼女たちの領土権の保護は、臣民の昔からの権利を保障することが君主の義務であるというインドの考え方と一致していた。その地域で施しを集めるヒジュラの権利はインドの各王国から確約されただけでなく、グル（師であり代表でもある——引用者）からチェラ（弟子——引用者）へ正式に相続される土地も与えられている。

（『ヒジュラ』前掲）

インドの人びとの生命維持の論理には、物乞いは、修行僧の行為に通じ、精神を共有するといった思想が根づいていた。この思想は、インドに限ったことではなく、日本でも四国八十八カ所の霊場巡りをする人は、必ず貧富にかかわりなく、門付けをしなければならぬ、といった掟があった。しかし近代の合理主義の展開とともに、この掟は、消滅する傾向を持っている。

四国巡礼に限らず、町方《まちかた》、村方、浦方を問わず、虚無僧、鉦叩きなどが門口に現れると人びとは、米とか銭金を差し出したものである。また富裕な家の子でも、遍路をして、門付けをすることを、「婚姻」の条件とする地域もあった。門付けは神の訪れの代行と考えられてもいた。

しかし、現代の日本では、「物乞い」は、しだいに影をひそめ、献金、カンパ、義捐金などといったように、組織化された活動へと移行している。もはや「物乞い人」は、訪れる多種多様な神の代行ではなく、ただの「貧者」としてのみ考えられるようになってきた。

いっぽう売春については、ヒジュラのそれぞれの家系では、暴力を振るわれないように警備をおこなってはいる。しかし、売春は尊敬されることはないので、ヒジュラそのものの根幹をゆるがすものになりかねないと危惧し続けている。物乞い観と売春観の時空による差異性の根はいまだに解明されてはいない。

内念 VS 排中律

史的唯物論の描く未来社会は到達点である。近代化論の描く未来像は、収斂概念である。これに対して、南方曼陀羅の中心は萃点《すいてん》である。萃点はすべて異質なもののであいの場であり、到達点ではなく通過点である。その萃点の構造は、固定されたものではない。つねに流動しているものであり、同時に萃点は移動する。

(『鶴見和子曼荼羅V 水の巻 南方熊楠のコスモロジー』藤原書店、一九九八年)

現代は、異質なものの出逢いの場を、模索し構築しつづけようとする課題を負っている。にもかかわらず、機械語を取り入れて以来、どうしても排中律に傾き勝ちである。Aでないものは非Aである。女でないものは、男である。階級意識とは、自己の存在を二分法に従って、労働者階級を選ぶか、資本家階級を選ぶかにある。中間層などというものは、自己決定に迷う、けしからん意識の持ち主である。といったように。

したがって、「日本人の九割までが中流意識を持っている」といわれた時代、街にでて「では中間層ですか」と聞くと「いやプロレタリアートです」と、「見損なうな」といわんばかりの答が返ってきた。

人は、上流、中流、下流に、精神と生活程度を相互に作用させ、この世の構造への対峙に中間層排除を架上させる。

精神の上流と断言できるためには、一国の命運を左右できるぐらいの位置を得ているか、言論によって、人類を支えるかのいずれかが必要である、と続く思い込みが迫ってくる。みずから「精神の上流」といい放つほどの、極大責任意識を持つわけにはいかぬ。こんなものを持つと、自己の意志をまっすぐに通すために、極大権力を欲しがってしまう。世の中には「馬鹿の高上がり」といった言葉もあるではないか。すこしでも歴史を学べば、権力の高みから転び落ちた人の哀れさと、この世に放散された加害の状況は、やたら目につく。やはり中流と納得するほうがよいと続く。

精神の中流は、真面目で、誠実で、教育に熱心である。しかし、上流と下流の間に挟まれて、両方から侵入されて、どちらの味方なのかと、問いつめられもする。したがって苦労の種はつきない。しかし他に選びようがあるのかと、中流と答えた内質は、複雑に回転し続けている。

いっぽう、中流の自認のなかには、人間存在の尊厳と平等にむかって、行動して、熄《や》むことのない人びとがいる。「不幸」は、受容できないのである。しかし不幸への架橋は困難を極め、無名性のなかにしか存在しない。つねに背反する命題がつきまとい、自ら摘出した自己内他者の尖端を見つめ、時として、自己を崩壊させるほどの内圧を持っている。

中流のなかにある責任意識を延長させれば、精神の上流とは、比べものにならぬ程の複雑さを体現することでもある。

いっぽう、「日本人の九割が中流意識を持つ」といった調査結果に対して、処分可能な財産の有無を言い立てて、批判する人びとが現れた。「半年ぐらいは、職業からくる収入がなくとも、ビクともしない人びとを中流という」と。

この種の批判をする人びとは、中産階級と中流とを混同している。この世には、極貧の生活をしながらでも、精神性の場では、上流もあれば、中流もあり、下流もある。

この差異の作用域は、内化と外化の二重性による絶え間ないゆらぎのなかにある。

鶴見和子氏が注目したのは、思考方法の核としての「内念」(endoconcept とは、endo ＝内なる、concept ＝想い。臨床心理学者シルヴァノ・アリエティの造語。訳語の内念は、鶴見和子氏による）に視角を措いている。

「科学」と規定された思考方法にはしばしば、形式論理学の同一律・排中律・矛盾律が支配してきた。これらは、人類が生きのびるに「役に立つ」文明を、築きはした。しかし、人の思考には、曖昧で、多様で、異質なものを受容し続ける「内念」と「古代論理」（後述する）とがある。内念の場では、異質なものは融合し、境界は、移動しつづけ、流動し続ける。（『鶴見和子曼荼羅』Ⅰ基の巻、Ⅳ土の巻、Ⅴ水の巻、参照）

生物界には、植物でも動物でもない粘菌が存在し続けている。この粘菌に南方熊楠の注視はなされた。粘菌の変成転化する諸相は、性に限らず、生命から人の集団にいたるまでのカオスと秩序の相互性を見る上で、思考の内念の場にこそ必要である。従って、鶴見和子氏によって、引用された「粘菌形態学」とでもいうべきところを、再引用することで、相互性の場に排中律など存在しないことを、知るための出発点としたい。

粘菌が原形体として朽木枯葉を食いまわることやや久しくして、日光、日熱、湿気、風等の諸因縁に左右されて、今は原形体で止まり得ず原形体がわき上りその原形体の分子どもが、あるいはまずイなる茎となり、他の分子どもが茎をよじ登りてロなる胞子となり、それと同時にある分子どもがなる胞壁となりて胞子を囲う。それと同時にまたなる分子どもが糸状体となって茎と胞子と胞壁とをつなぎ合わせ、風等のために胞子が乾き、糸状体が乾きて折れるときにはたちまち胞壁破れて胞子散飛し、もって他日また原形体を化成して他所に蕃殖するの備えをなす。かく出そろうたを見て、やれ粘菌が生えたといいはやす。しかるにまだ乾かぬうちに大風や大雨があると、一旦、茎、胞壁、胞子、糸状体となりかけたる諸分子がたちまちまた跡を潜めてもとの原形体となり、災害を避けて木の下とか葉の裏に隠れおり、天気が恢復すればまたその原形体が再びわき上がりて胞嚢を作るなり。原形体は活動して物を食いありく。茎、胞嚢、胞子、糸状体と化しそろうた上は少くとも活動せず。ただ後日の蕃殖のために胞子を擁護して、好機会をまちて飛散せしめんとかまうるのみなり。

故に、人が見て原形体といい、無形のつまらぬ痰様の半流動体と蔑視さるるその原形体が活物で、後日蕃殖の胞子を護るだけの粘菌は実は死物なり。死物を見て粘菌が生えたと言って活物と見、活物見て何の分職もなきゆえ、原形体は死物同然と思う人間の見解がまるで間違いおる。すなわち人が鏡下にながめて、それ原形体が生じた、それ胞壁を生じた、それ茎を生じたと悦ぶは、実は活動する原形体が死んで胞子や胞壁に固まり化するので、一旦、胞子、胞壁に固まらんとしかけた原形体が、またお流れとなって原形体に戻るは、粘菌が死んだと見えて原形体となって活動を始めたのだ。

（『南方熊楠全集』第九巻、『鶴見和子曼荼羅V 水の巻』に引用）

この引用部を読めば、流動性に富んだ大衆や、カオス理論を想起してしまう。日和見主義と見えたものが、大衆行動の起因となり、組織者によって、刈り獲られたものが、腐敗を開始する。刈り入れた組織者が、排中律によって、「中流」を腑分けする。「中流」はここでまた難関に遭遇する。権力を手にした組織者から見れば、九割を自認する「中流」には、何を仕出かすかわからぬ「馬鹿者」が潜んでいるように見えもし、条件さえ与えれば、喜んで搾られる、蜜の袋のようにも見える。

権力の場にいる者から見れば、「中流」の受忍の質は、媒介者の受忍の質と同様、理解し難いだけでなく、理解に至る道も見えないものである。

媒介者として、男と女の境界にいる担い手たちが、決して、自己の存在に無意味さを引き寄せているのではなく、強力なものに自己を疎外しないための模索を続けている。この意志は、精神の中流性が、自らに課した重力場にも通底している。

背負いつづけている場は、自然存在としての「自己」を呪うことではなく、時とともに活力あふれる「自己」を展開する場にむけて解き放つ戦術にある。

この戦術は、粘菌のストラテジーに似ている。粘菌についての記述は、南方熊楠が、ことさらに擬人化したわけではない。自然に存在しているものの活力は、境界にいればいる程、隠れているときに活力を蓄えるものであると展開されている。同様に媒介者も、自己の感性、自己の能力、自己の意志によって、媒介の役割を展開する。

女または男といった「よく知られた形態と観念」にむかって、自己を転移させる必要がない存在こそ、「純粋な男」または「純粋な女」をいい立てる精神の危険性を示すことができよう。

「純粋な中流」などというものを、自認する人びとが存在しないのと同様に、媒介者たちは、どのような場合も、「女でも男でもないが、純粋な媒介者」を目標にしているわけではない。

常にゆらいでいる存在として、人びとが苦労して構築している「ジェンダー論」のゆらぎをも、受容している。加えて、両性具有の人びとが、顕在化しているだけに、苦痛を背負っていると同様に、潜在化しているからといって隠れ続けることに同意しているわけではない。ゆらぎこそ実在なのである。

「ターナー女性」考

ターナー女性たちは、多くの場合、「ターナー症候群」と呼ばれてきた症状の担い手であるとされている。しかし、病気ではなくて体質である。

症候群などというのは医療の側からの規定である。生命体のすべてが、例外なしに、定型のみの性染色体を持っているわけではないことを、まず知っておく必要がある。

生命体の進化（変化・複雑化と見たほうが事態の認識に役立つであろう）の歴史からみれば、人の第二三染色体は、変化の途上の出来事であり、いまだに、「いずこより来たり、いずこに行くか」を問われ続けられている創出過程の一事態である。

誰でも性について興味を持っている。しかし科学的に見れば、この言葉はあまりにも頻繁に生殖と、つまり出産にいたる性交と関連づけられすぎている。私たちは生命の進化史を調べているので、性とは遺伝学上の新個体形成のことと理解している。性とは遺伝子の交換作用であり、ほ乳類で私たちが知っている生殖作用を必ずしも伴う必要はない。進化の歴史を通じて非常に多くの生物が、細胞や個体の複製にいたるいわゆる生殖としての性をもたないまま、性的に遺伝子を提供し交換してきた。他の生物で、一個の親より多くのものから遺伝子を受けて複製されるものも多いが、大部分の生物では、性と無性的な手段で達成される成長や生殖とは、いまだに切り離されている。（L・マーグリス、D・セーガン『性の起源』長野敬他訳、青土社、一九九五年）

生命は、地球上の様相によって示されるように、開放系である。従って、すべての生物は共生関係（片害共生・片利共生・寄生などと相互にからみ合いながら双利共生にまで到っている）によって、今日の多様性を得てきた。生物学のほうでは、「遺伝子の変異」とか、「ホルモン・カオス」とか、「遺伝子の相互浸透」とかいったように見ている事態である。染色体の変異もそのひとつであって、多様性への途上の出来事として認識することは、可能である。

第二三染色体がＸＯである人びと（ターナー女性ＸＯの明示は一九五九年）、ＸＸＹである人びと（クラインフェルター男性といわれる）、ＸＹＹ、ＸＸＸといった様に、二倍体になっていない人びとは、「生殖」といった面から考えて、第二三染色体を二分割（整数分割）することが不可能である。人の性染色体が、例外なく二倍体ではないことをめぐる研究は、医学のほうでは、一九五九年以後進められている。ターナー女性はいくつかの型を持つ二倍体ではない染色体を持つ人びとのなかの、ひとつの型である。

診断に当たっている医師たちは、『ターナー女性――本人と家族のために』ターナー女性を支える医師の会、メディカルレビュー社、一九九九年）を出版している。同書には支える医師の会の会員一覧が付記されていて、可能なかぎり、ターナー女性たちを、心身両面から支えようとしている。医療を行っている病院・医院は計十八、東北三、関東五、甲信越一、東海四、阪神一、中国一、九州二、沖縄一といったように、数としては、いまだ少数としかいいようがないが、少数であることは、やがて、増大し得る事態の核と考えることができる。医療部門も、遺伝染色体科、内分泌代謝科、小児科、神経内科にわたっている。いっぽうターナー女性の会は十二、地域も、医師の会の近くである。

同書によれば、日本人で約七百人のターナー女性を対象とした成長の調査がすでに発表されている。しかし、日本の新生児のすべての第二三染色体がしらべられたわけではない。もともと染色体にぐるぐる巻きになっている遺伝子は、三万から四万（セレラ社は二万九千と発表)、これが個々の細胞の核に一セットとなって組み込まれている。人の遺伝子は、九三%までが共通、残りの七%に差異があるといわれている。となれば遺伝子の多様化への可能性は二の二千百乗(遺伝子三万として)、わざわざ書かなくても、天文学的数字であることは、たやすく気付くものである。顔がちがうようにといわれるのはこれである。

——遺伝子であるDNA、そして染色体は基本的にはかなり安定した性質をもっています。しかしときにはこのような(染色体の欠失や重複——引用者)変化が起こることがあるのです。そしてこれらの染色体の欠失や重複は、性染色体・常染色体のどちらでも、また体細胞分裂と減数分裂のどちらの段階でも起こる可能性があります。

(ターナー女性を支える医師の会、前掲書)

生命体はなにがしかのランダムネスを内包していて、予測不可能なものである。XO・XXY・XYYなど、辺縁部分で起こることは、第二三染色体だけではなく、常染色体でも起こり得ること、受精といった減数分裂だけではなくて、日常続けられている細胞分裂でも起こり得る。この事態は生命体そのものが、本質的には、カオスであることを示している。

定型外の事態は常に起こり得る。性行為による遺伝子組換には自然なものもあれば、人工的なものもある。人は動植物にたいして、つねに新種を作り出して来た。この種の歴史はながい。最近では、商業上の必要から、組み換えられた新種は、種子によっては次世代を生じないようにしたものまである。また環境ホルモン（内分泌攪乱物質）などで、生命体は生涯のうちに体細胞に変化を受ける。ＤＮＡも原因不明の変化をすることがある。

生命体を対象にして、思想を紡ぐときに、トートロジーにばかり眼をむけているわけにはいかないのである。それでも、トートロジーに落ち込んでいる側からの差異にたいする、不快きわまる対応はつづいている。

一例を身長にとろう。身長は高くてもいじめにあい、低くてもいじめにあう。最もひどいのが、中学・高校の時期である。このことを予想して、医療の側からは成長ホルモンが利用される。また医療に限らず、身長について劣等感を持っているにちがいないと、決めてかかる人びとは、多いものである。さらに知能についてては――

デンマークのニールセン先生は、ターナーの子どもたちの知能は、その姉妹や同時代の女の子と比べて差がないどころか、学校の成績全体をみれば、まじめにコツコツ勉強するので成績がよいといっています。（ターナー女性を支える医師の会、前掲書）

同書はさらに、ターナーの子たちは、国語・作文の能力にはすぐれているが、算数・空間認知力では苦労するかもわからない。しかし練習すれば改良されることをのべている。重要なのは、「成長ホルモン治療」では、成績に変化はないとしている点である。外から投与される成長ホルモンは、頭脳には関わりがないことである。ただ、低身長（成長ホルモンを使わない場合、身長は一四四センチぐらいまで、前掲書のなかに「一五五センチである」とした手記が掲載されている）と、第二次性徴について、いじめを受けたり差別されたりする。それで成長ホルモン治療がなされるわけである。しかし副作用がないわけではない。そのひとつは股関節の痛み（アメリカでは約一八〇〇人に三人）、また、側弯症、血糖値上昇などがあげられている。さらに一年間に身長が一センチメートルしか伸びなくなったら、成長ホルモン治療は意味がなくなる。ついで、性ホルモン（卵胞ホルモン、黄体ホルモン）については本書二五頁に記述している。

妊娠や出産については、ターナー女性だけではなく、日本では十組に一組のカップルが自然の妊娠ができない状況である。その人々のために、現在考えられることは、体外受精やドナーから、卵子の提供を受けることなどが可能であり、すでに認め実現した国もある。しかし、この問題について、哲学、社会学、倫理、心理学、生理学、法学、生活者などによる討議は、いまだになされつくしたとはいえない。

どんな手段によっても、「子を産みたい」とする事態のなかに何があるかを、究明することは困難である。極私的心性か、社会の要請か、家族・親族による圧力か、XX・XY以外に第二三染色体の多様性が存在することへの無知なのか、因果関係は複雑であるが、避けて通って、悪口雑言だけを投げ合っておれる問題ではない。

次に、「ハンディを隠すことなく生活してゆける社会を」と題した三五歳のターナー女性の手記の一部を紹介しておきたい。現在病院で臨床検査技師を職業とする人である。

中学・高校とは、一貫教育の私立の学校に進学しましたので、比較的に人に優しく、競争意識の少ない校風のなかで、いじめられたりというようないやな思いは、あまりしていません。（中略）

化学物理などすごく好きで得意というわけではなかったけれど、なぜか理系を選択、運良く理系の大学、衛生学部に合格し、四年後に臨床検査技師の国家試験もパスすることができて、現在に至っております。（ターナー女性を支える医師の会、前掲書）

引用部分にも示されているように、ターナー女性は、文科系にむいていて、理科系むきでないといったような計査結果は、人を平均値でしばることでしかない。これもまた、血液型性格判断に似た愚行であることを示している。

古代論理とつららモデル(1)

ムア夫人の死は、チャンドラボアの町には、より微妙な、より永続的な影響を与えた。あるイギリス人が、インド人の命を救おうとした自分の母親を殺してしまったという伝説が生まれた。(中略)こういうたぐいのばかげた話のほうが、巧妙な嘘より打ち消すのに手間がかかった。

(E・M・フォースター『インドへの道』瀬尾裕訳、筑摩書房、一九八五年)

伝説(あるいは説話)は、古代に限ったことではなく、現代でも生み出されつづけている。なかでも個人の伝記は、自伝であろうと、研究者による伝記であろうと、なにがしかの説話性を身につけてしまう。「ばかげた話」ではなくても、私的事態から、数個の事態を引き去っておけば、次事態は、方向を換えて回転する。

フォースターは、むしろ、「事態の引き去り」よりは、「ばかげた話」の起因のほうに、支柱を立てた。フォースターの作品には、強い霊力を内在させた女性は、本人は格別に何事かを生前になしたわけではないのに、その霊力によって、死後、人びとを導くといった場面がある。

『インドへの道』でも、ムア夫人は、アジズの冤罪をめぐって、面会にも行かねば、証台にも立たずに、イギリスへの帰途につき、インド洋上で病死する。しかし裁判では、ムア夫人の名が出たとたんに、ミセス・ムアを叫ぶ声がさざ波のように起こり、法廷に漲り、その声はやがて、法廷を越えてインド式にエスミス、エスムアとなって、街なかに波及する。事態は急転し、原告自身が被告の無実を証言し、アジズは解放される。

この種の現象は、歴史のなかでは、何度か起こっている。ローザ・ルクセンブルクでは『マッセン・シュトライク』のなかで、運動の群衆性に着目し、また最近では、ベルリンの壁崩壊（一九八九年十一月）などが、その一例といえる。日本では、一八六七年の「ええじゃないか」の渦、六〇年安保（日米安全保障条約反対、一九六〇年六月十五日）の五八〇万人のストとデモの大波などでも例示されている。

現代では、カオス理論（後述する）、カタストロフ理論などが、これらの現象の展開過程を示そうとしてはいる。しかし、これらは「どのように」であって、「何故」といった答に、到り得てはいない。

「古代論理」とは、現代の思考方法とは異なった方法で、固有の哲学を展開していくものを指す。

――古代論理というのは、ちょっとでも同じ所があったら全部おなじだというふうに考えてしまう考え方なのです。例えば太陽とけしの花は同じだと言う。これが古代論理、詩人なんかそんなことを言うでしょうね。太陽は赤々と輝いている、けしの花も赤々と輝いている。両方とも赤々と輝いているから、太陽はけしで、けしの花は太陽である。そういうふうに、一点でも同じ所があったら同じものである。これは同化の論理ですね。　（『鶴見和子曼荼羅Ⅳ 土の巻 柳田国男論』藤原書店、一九九八年）

「古代論理」とは、臨床心理学者シルヴァノ・アリエティによる造語であり、paleologicを古代論理と訳したのは鶴見和子氏である。一点でも同じ点があれば同じものとしてとりあつかうのは、必ずしも、芸術や哲学などでなされるだけではない。科学や物理などでも、太陽の赤とけしの花の赤との光学上の同一性と差異の幅と変域については、語られている。さらに、遺伝子生物学のほうでは、人の色彩感覚の不安定性についても、語られてきた。鶴見和子氏がアリエティの古代論理の説明に、もの足りなさを感じたのも、「同化の論理」は、古代的なものの現代へおろされた垂鉛であって欲しいと思われたためであろう。

現代の形式論理学的思考にとって、受容するには難関をともなう場合は、つぎのような、インド哲学上の思考法ではなかろうか。

――いかなる行為も孤立したものではないのですから。一つの善い行為が行われた場合、すべての人が行ったのです。一つの悪い行為が行われた場合には、すべての人がそれを行ったのです。

（前掲『インドへの道』）

世界中の精神と行為の共有性は、敗戦直後の首相・東久邇宮稔彦（一九四五年八月十七日―十月九日）の「一億総懺悔」の発言とは異質の場である。「懺悔」には、世界中が悪をなしたといった思想はない。

むしろ、精神と行為の共有性は最近の共時性（シンクロニシティ）の概念に近いものであろう。意識しようとしないとにかかわらず、ファシズムによる侵略は共時性を持って起こった。この時、加害者と被害者といった二分法は成り立たない。だからといって、加害者と被害者は同じであるといった論理もまた成り立たない。

これをさらに発展させて、侵略と抵抗は同じではないが、神の別々の側面であって、神の非在は侵略のなかにあり、抵抗には、神の現存がある。しかし、非在は、非実在ではない。零が非実在ではないとおなじように。だから人びとは神にむかって「来たれ、来たれ」と繰り返すのである。

ここには、「古代論理」の同一性と現代の差異性の絶妙にして難解な存在論がある。この存在論を成り立たせているのは、文化のなかの「つららモデル」であると思わされる。

日本では、現在を広く渉猟すれば、そこに原始も、古代も中世も、近代も、ごちゃごちゃと入れこ細工のように存在している。（中略）階段モデル（社会は段階的に発展するといった考え――引用者）を日本の社会変動にあてはめると、大事なことがら――常民＝未開に近い人びとの生活と考えと感じの変化――がとりおとされてしまう。より原始に近い人びとの立場で日本の社会変動を考察しようとすれば、つららモデルがもっともぴったりするというのである。このモデルによれば、原始や古代の構造は、かならずしも価値の低いものではないし、近代のそれが必ずしも高いものではない。

（『鶴見和子曼荼羅Ⅳ 土の巻』前掲）

原始・古代が低い価値しか持たないならば、好奇の対象にはなっても、人びとを惹きつけてやまぬものとは、なり得ないであろう。私たちの共同の無意識のなかには、時空を分断できない「つららモデル」がある。この意識は、村方とか町方とか浦方とかといったように棲み分けられたところにだけ存在するのではない。

縄文期の文化が人を惹きつけ、「近代化」「現代化」の分析の極みから、『古事記』を読みこもうとするのも、個人のなかに「つらら性」が内包されているからである。

ここで、「同一化の論理」が再起する。十年前の論理に対しては、「古くさい」といっても、「内なるつらら」にむかって、人は、「古くさい」とはいわない。

海の彼方、あるいは天空の彼方を見つめる現代の人びとの心に、宿り根を持っているのは沖縄のニライカナイであり、『古事記』の妣《はは》の国であろう。

イザナキの目を洗ったり、鼻を洗ったりしているときに「成れる神」は、アマテラス・ツクヨミ・スサノヲである。そこでアマテラスには高天の原、ツクヨミには夜《よる》の食国《おすくに》、スサノヲには海原を、治めよと告げる。

ところが、スサノヲは、泣いてばかりいて、顎髭が胸元にたれるまで泣きつづける。青山は枯れ、河海は泣き乾される。問いつめるイザナキに「妣の国に行きたい」と告げる。『古事記』には、大泣きする男神が数度登場する。「泣く男の説話」といいたくなる程である。最初に泣くのは、イザナキである。火の神を生んだことで、イザナミは「神避《かむさ》る」。それでイザナキは、イザナミの枕元に這っていっては泣き、足元に這っていっては泣きする。つぎがスサノヲの妣の国恋いである。ついでオオクニヌシは、スクナヒコナと共に国作りをしたが、そののち、スクナヒコナは「常世の国」に行ってしまう。もともと「かかみ船」に乗って海から来た神である。そこでオオクニヌシは「吾独りして何かよくこの国を得作《え》らむ」(『古事記』前掲)と愁いていう。などなど。

「妣の国」は海の彼方であり、ニライカナイも海の彼方である。

沖縄本島のにらいかないは、光明的な浄土である。にも拘らず、多少の暗影を伴って居るのは、何故であろう。

（折口信夫「国文学の発生」、『全集』第一巻、中央公論社、一九七二年）

この種の暗影は、「古代論理」では、「泣く男神」の無碍と無邪として浮上している。現代、この種の同一性は、内なるつらら性としては、共通の無意識界に存在している。にもかかわらず、現代性のなかでのつらら性との相補性の生成過程は、記述するには困難の極みを示している。

（1）つららモデル……鶴見和子氏の時間概念についての造語。民俗学者柳田國男の、近代は何時から始まるかと問うことはできない、古代も中世も近世も垂氷《つらら》のようにあちらこちらにぶらさがっていて価値の高低はない、とする思想から造られた概念である。
このつらら性の把握は、民俗学の研究に入っていった柳田國男の深い内省にもとづくものであった。歴史認識の時間概念には、階段モデル（イギリスの産業革命以前はすべて前近代とする思想。近代は理想型、前近代はマイナス型とされる）と進化論モデル（生命体の発展が、原始生物から枝分かれして、霊長類になるように、社会もまた低価値のものから高価値のものに進化すると考える。ただしこのモデルでは、地域差をもっていて、遅れているとされる地域が先に行くこともある）がある。柳田國男は、このいずれをもとらずに、「垂氷性」こそ時代認識の方法だとした。

脳科学とジェンダー論

生物学的差異にもとづく「ジェンダー論」は一九六〇年代から盛んになっている。さまざまな仮説が登場し、あたかも合理性をもった、男と女の能力差であるかのように、信じられたり言及されたりした。

男と女とでは脳の構造からくる認識力が異なる、といったり、ホルモンの質に差異がある、従って、知的作用域が違っている、などといったように決定論を導いている。アン・ファウスト＝スターリング（生理学・医学）は、理論家の仮説を検討し、それらが反証されたものであるか、実証されたものであるかを記述している。（A・ファウスト＝スターリング『ジェンダーの神話』池上千寿子・根岸悦子訳、工作舎、一九九〇年、参照）

日本でも、生物学上の性差を、ジェンダーの性差に援用しようとする人びとは、いまだにつぎからつぎに生み出されている。

すでに反証されたものでも、無知からくる「確信」を持ち続けて、「男女共同参画」に異論をとなえ、職業上の役割分担を強く主張する人びとが、男たちのなかにも、女たちのなかにも、後を断たないありさまである。

人は生涯をかけて、自己にとっての価値の体系を作りつづけていこうとする意欲と、一瞬の現在を輝かしいもので充たしたいとする願いとの、二重性による対峙を繰り返している。そこに、ジェンダー論が割り込んできて、性差（ここでいう性差は、男と自認している人びと、女と自認している人びとだけではなく、自認できないでいる人びとをもふくむ）をめぐって、社会的役割と文化上の位相を、類別しようとしている。

ジェンダーの混在は、許されそうにもなく、いまだに「女の聖域」「男の聖域」などが残存している。

相撲などはその一例で、男相撲の土俵に、女たちは立ち入ることはできない。（女相撲の土俵は別）にもかかわらず、女の見物人が一人もいない相撲など考えられない。

――汚いとか穢れるとかいう語で言い現していたけれども、つまり女には目に見えぬ精霊の力があって、砥石《といし》をまたぐと砥石が割れ、釣竿《つりざお》・天秤棒《てんびんぼう》をまたぐとそれらが折れるというように、男子が膂力《りょりょく》と勇猛とをもってなしとげたものを、たやすく破壊しうる力あるもののごとく、かたく信じていたなごりに他ならぬ。

（柳田国男『妹の力』角川文庫、一九七一年、改訂版）

柳田國男は、この種の穢れの習俗は、現代では、疎遠になってきてはいるが、起因不明の畏怖だけが、形を定着させて、いまだに残っているという。

「女は土俵に上がってはならない」「トンネル工事に参加してはならない」などなど、守るべき最低の条件を侵犯した場合、事故にあったり、怪我人が出たりするような「気」が懸かるかもわからない。だから危険をともなう仕事は、男の職業として独占しておく必要がある、となってきた。

これもまた「つらら現象」のひとつであろう。柳田國男の穢れ＝気が懸かるといった理論は、女の巫女性から推論されている。

慣習のなかに根を張っている「気配物質」への怖れとは別に、一九六〇年頃から、文化の場での性差、職業上の性差の起因を、生物学的構成に求める理論が、ジェンダー論とともに提出されてきた。

起因と作用域が、ホルモンや染色体や脳にあるならば、「納得」というわけであろう。アン・ファウスト＝スターリングは、これらの生物学上の理論（X連鎖仮説・ホルモン仮説・脳半球分化仮説・尿酸仮説）と、科学者たちによってなされた反証を検討し、これらの仮説が「科学」上の固い理論とは成り得ていないことを追求している。本稿では、「脳半球分化仮説」とその反証のなりゆきを、例示することにしたい。

脳半球分化仮説は、人の脳は左半球と右半球があって、左右対称となっている。左半球は分析・計算・推論を行い、右半球は芸術的能力・情緒的・非分析的アプローチを司るとされてきた。

そこで一部の科学者は、この左右の分担域の差異に性差を持ち込み、数学・言語・空間能力の差を説明して、もっとも広汎に行きわたった理論となっている。

大脳皮質のそれぞれの部位の担当領域は、つきとめられている。この研究から派生したのは、左脳が主で右脳は劣位であるといったものであった。ところが一九五〇年代の数多くの発見から左と右の優劣はないことが明らかにされた。しかし脳が「どのように」考えるかということは、いまだ解明されてはいない。思考の内実を脳に結びつけて説明することは現段階では、不可能に近いことである。「頭がいい」とか「悪い」とか言ってはいるが、脳の内部に立ち入ったわけではない。

アン・ファウスト＝スターリングは、ここで脳半球分化仮説のなかでも、いまだに流行しているジェン・レビイ博士（女性）の説の反証を紹介している。

ジェン・レビイは、有効に機能する脳は、「もっとも完全な半球間分業体制にある」という。女の脳は、左右の分業体制が進んでいない。右脳にも左脳にも言語作用がちらばっているので空間作業能力のじゃまをする。「男性は分業が高度に進み、左側はもっぱら言語問題、右側は空間問題にとり組みます」、ここに脳からくる性差が存在すると仮説を立てている。（引用部分はA・ファウスト＝スターリング『ジェンダーの神話』前掲）

――このちがいが空間と言語作業での性差につながるという証拠はあるのか、と想定してみます。その答はしごくかんたん、どこにもありません。レビイの考えは実験データからではなく、論理的仮説から出たものです。

（A・ファウスト＝スターリング、前掲書）

仮説を立てるにせよ、反証するにせよ、人の脳を実験の対象とするのは、至難のことである。多くは、日常生活に障害がない人、卒中・外科手術を脳に受けた人、事故で脳を損傷した人を被験者として、言語障害などをしらべる。ところが、事はそれ程簡単ではない。脳に障害を受けた人についての大量の報告はある。しかし病気でない人の脳を開いてみるわけにはいかない。対称例を作ることができないのである。また障害の程度も多様である。

そこで病気でない人にヘッドホンをつけて右耳で聞いた数と、左耳で聞いた数のどちらを、よりよく記憶しているかをテストする。これはレビイの仮説の検証のためである。ところが、被験者は、思うようには動かない。右耳のほうがより多く聞きとっているならば、左半球言語能力優位となるはずなのだが、被験者のなかには両方の数に耳を傾けてみたり、片方だけしか聞くまいとする人も、かなりいる。結局は、多くの研究は、両半球の分業は、性差よりも個人差のほうが大きいと報告している。

面白いのは、レビイとはまったく逆に、女は、男よりも両半球分化が進んでいるので、空間認識機能が落ちるとした研究者たちもいる。バファリイとグレイである。しかし、こちらの方は、証拠がないとして、流行はしなかった。

両半球分化度について、まったく逆の仮説がでるということは、それぞれの研究の過程で、都合のいいものだけが強調され、ジャーナリズムでの場に興奮を引き起こしているともいえる。実証性の形をとっているだけに、認識の歪みを強調してもいる。

性差はまったくないとはいえない。しかしモザイク状になっている三つの性の相互作用は、ホルモンとか脳の両半球分化とか遺伝子とかで、認知領域を解明できるものではない。脳の作用域は、個人差のほうが性差よりも大きい場である。

このありさまは、それぞれの民族が、それぞれに異なった気配物質を想定して、分化の型を創りあげた過程から、現代に至る研究の累積によって自由になったとも思えない。

呪力を女に見たり、男に見たりする文化の異相は、それぞれの「つららモデル」となって、現代でもなお生きている。さらに、「つららモデル」には、呪力の担い手を、取り替えていく精神の作用も見落とせないものである。


——われわれの生活の不安定、未来に対する疑惑と杞憂とは、仏教とキリスト教とでは処理しつくすことはできなかった。(中略)しこうしてその欠陥をみたすべき任務は、太古以来同胞の婦女に属していたのである。倭姫命《やまとひめのみこと》の御祭祀が単なる典礼になってしまうと、光明皇后や中将姫の祈願が始まったように、一つの形が不十分となれば、第二の方法が考えられなければならぬ。

(柳田国男『妹の力』前掲)

ここで人は、脳分化とかホルモンとかに物神性を見出すよりは、善財童子に倣って、五十三の善知識を、尋ねる道に出ることも必要となろう。いまのところ、私にとっては『古事記』『日本書紀』『万葉集』にはじまる五十三種の古典を再読・再々読することにあるように思われる。

内なる「つらら性」とは、ここで、それぞれの古典が持つ「差異」をつらぬく「同一性」を探すことに向かうことになるのだが、妖し気な気配も感じられる。

カオスと決定論

五大に皆響きあり
十界に言語を具す
六塵悉く文字なり
法身是れ実相なり

（空海「声《しょう》字《じ》実《じっ》相《そう》義《ぎ》」、北尾隆心訳注『空海コレクション』ちくま学芸文庫、二〇〇四年）

カオス理論は、十界を分類分割においてみるのではなく、決定論を媒介にして、流動と相互作用可能な場で成り立っている。

しかし、流動や相互作用は、たやすくとらえられるものではなく、初期条件は同じでも、差異の相は、極大になるときもあり、極小になるときもある。しばしば例示されるのは、バタフライ効果（北京で蝶が羽ばたけば、ニューヨークでは嵐になる場合があるといった気象の不安定性をいう）、水流の上を浮遊する物体、株式市場の状況などである。

――決定論による予言が可能なのは、無限に精密な理想的極限のときのみである。（中略）

非カオス系では、誤差はゆっくりと拡大していくので、この制約がさほど重大とはならない。（中略部分には、振り子のふるまいが例示されていて、定点から振り子の中心までの距離の測定が正確無比であることは不可能に近いといった制約――引用者）しかしカオス系では、誤差の拡大は加速する。

（P・デーヴィス「宇宙は機械か」、N・ホール編『カオスの素顔』所収、宮崎忠訳、講談社ブルーバックス、一九九四年）

内発的な事態の変動は、発生―発展―収斂―安定あるいは拡散といった過程で、記述されるものである。しかし、発生の折りの初期条件のわずかばかりの差異が、指数関数的に拡大する。

この事態は、「固定点をめぐる剛体の回転について」という論文によって、一八八八年フランス科学アカデミーから、学士院賞のボルダン賞を受賞したソーニャ・コワレフスカヤ（一八五〇―一八九一年）の手により、一八八九年「最初の微少変動がどんどん増加する割合を平均的にあらわす尺度（平均測度）をもって力学的不安定性の定義とした」（イアン・パーシヴァル「現実世界のカオス」、前掲『カオスの素顔』所収）よって指示され、アンリ・ポアンカレ（一八五四年―一九一二年）によっていっそう発展させられた。

秩序とカオスは入り組んだ関係をもっている。ポアンカレもまた「均質で非圧縮性の液体が、重力場のなかで、一つの軸の周りを回転しているとしよう。このとき、どんな条件のもとで、この運動は安定するか、また、このように安定した回転運動をする液体はどんな形状をとりうるか」（E・T・ベル『数学をつくった人びと』下、田中勇・銀林浩訳、東京図書、一九九七年）を考えた。これもまた、カオス状態と秩序との関係へのひとつの設問である。数人の人びとが証明つきの結論を提出した。数人の学者は楕円体であるといい、ポアンカレは梨型であると結論づけていたが、数値計算には適用できなかった。

結論にはつねに「一応」といった「但し書き」がついた落着かないものである。流体の場に働く論理は、大衆ストライキの理論と同様に、多くの代数・数論が、ひしめいている。

その上、それぞれの部門間の相互関係はジャングルのようになっている。決定論のなかにも貫いていくカオス理論は、人の思考を惹きつけてやまぬものであるが、哲学的であるための直感も介入してくる。

ここに空海の『声字実相義』の十界（地獄・餓鬼・畜生・阿修羅・人・天、の六道と、声聞《しょうもん》・縁覚《えんがく》・菩薩・仏、の四世界）のそれぞれが相互に関係し、侵犯し、変転・変成する相も見えてくるのである。

——複雑な事実のなかには、幾千の事情が偶然によって結合されているのであって、ふたたび同じように結合することはさらによほどの偶然によってでなければおこりそうもないことは明らかである。しかしながら単純な事実というものがあるであろうか。また、もしあるとするならば、如何にしてこれを認め得るであろうか。吾々が単純なりと信じているものが、裡におどろくべき複雑さを蔵していないと誰がいい得よう。

（H・ポアンカレ『科学と方法』吉田洋一訳、岩波文庫、一九六七年）

十界の相互性については、古来しばしば語られ、文学作品の展開にもふくまれてきた。

では、どの個人が、人道から阿修羅を通って地獄へ行くのかは、いまだに解明されてはいない。また逆に、どの個人が天道を通って仏の世界に到るかも解明されていない。

どの個人がではなく、「どのような個人」がについてなら、数限りない「説話」や「倫理」がある。しかし、個人レベルの問題となると、的中する人もあり、逃れ出ている人もある。

——一人にとって偶然なものは、また他の人にとっても、否さらには、神々にとっても偶然なのである。（ポアンカレ、前掲書）

ポアンカレの著書は十九世紀から二十世紀にかけて、フランスの男女の労働者たちに貪り読まれてきた。この事態は、次の事態がどのように展開するかを確率によってしか知り得ないとする無知から来るのであろうか。そうではないであろう。芋を煮るぐらいのことなら結果の見当はつく。しかし、芋のなかのどの分子が、先にはげしく運動しはじめるかとなると、見極めることは、それほど簡単なことではない。どのようにきめ細かく観察しても、決定論のなかに、カオスは存在する。

ここに確率論が入り込んでくる。測定精度を高めれば、芋の分子それぞれについて、確実な動きを示し得るものではないが、結果は「煮えた」ということだけである。

カオス理論は、この事態を、鍋の形・水分の量・溶液の比率・加熱時間（糖化度に差がでる）・熱源の種類などで、測定精度を高める努力をしている。しかし結果は、カオス型となる。

カオス理論を適用できるのはカオス現象のごく一部である。本稿の「ターナー女性」考で、『ターナー女性』よりの引用として「染色体の欠失や重複は、性染色体・常染色体のどちらでも、また体細胞分裂のどちらでも起こる可能性があります」を紹介しておいた。

ターナー女性は、性の多様性のなかの一部であるが、常染色体でも起こりうることとなると、カオス性はいっそう強まる。

現在、染色体上の遺伝子の研究は進んでいる。病因となる遺伝子も、つきとめられはじめている。そのいくつかを例示するならば、アルツハイマー病の原因遺伝子は第一染色体上、男性ホルモンを代謝する酵素欠損症は第二染色体上、角膜色素変性症は第三染色体上、ハンチントン病は第四染色体上、進行性筋ジストロフィーは、第五染色体上とつづいていく。アルツハイマー病もまた、第十四染色体上、第二三染色体上となっている。性染色体である第二三染色体上の原因遺伝子は、X上には、X連鎖性遅滞症候群・ピルヴィン酸脱水酵素欠損症・デュシャンヌ型筋ジストロフィー症・オルニチントランスカルバミラーゼ欠損症・連鎖性精神遅滞症候群・ターナー女性・血友病・脆弱X症候群、など。またY上には、性器発達異常XY型（性染色体型は男性でも、体つきは女性になる他にXX男性も存在する）、また第一から第二十二染色体までにもここに例示した遺伝子の数十倍に及ぶ、病因遺伝子がある。（くわしくは、『ニュートン』二〇〇一年四月号「今明かされるヒトゲノム解析計画の全貌」参照）

細胞核のなかのヒトの遺伝子は三万から四万個、塩基の総数は二七億から三〇億、病因遺伝子は、ゲノムの解読によって塩基のいずれかに欠損があるか、異変があるかが、「わかった」あるいは「わかりかけた」ことになっている。しかし、ここに決定論が導かれたわけではない。

欠損や異変の遺伝子を組みかえれば、病因を除くことが可能なわけでもない。遺伝子上の異変は、結果を読むことはできても、経過を読むことは、至難の業《わざ》である。

男でもなく、女でもない人を生み出さないために、何らかの遺伝子チェックがなされるとしたら、そのこと自体に、人は、倫理上の難題に直面せざるを得ない。

親たちの決断にゆだねたり、医者の決定にまかせたりすることで、ことが治まるわけではない。

現代はまだ、三種の性を認めず、男と女の間に、性による線引きをしようとする動きのほうが強い。

しかし、生物学的性の境界は、入り組み、ぼやけている。ここで、ジェンダーの境界だけを明示しようとするのは、自然界のカオスにたいする、人の側の強引無謀というものである。

古来、人の思念は、性の線引きに、疑いを抱きながら、線引きを超えようとする作品を提出してきた。これらは、性のカオスを表出しようとする人類の試みであり、生命のカオス性を受感しつづけるために、意識の深層からくる衝迫である。

「両性具有」考

人は、身体の両性具有を「病」として、差別して、嘲る側の人間の卑劣さを露呈しつづけた。中世『病草紙』（本書二四頁に一部記述）の描き手は、嘲り覗く人間たちの表情を、思い切り下品に表現することで、生命体の多様さを受容できない人間たちへの批判の書ともした。

いっぽう人は、「心」の両性具有性については、憧れと敬意と限りない同意を持って、作品を書き続けてきた。この心身離反の様相は人類精神史の汚点ともいうべきものである。

しかし、古代から、心身分裂の堕落にまみれていたわけではない。

——実際原始時代におけるわれわれの本性は、現在と同様なものではなく、まったく違っていた。第一に人間の性には三種あった。すなわち現在のごとくただ男女両性だけではなく、さらに第三のものが両者の結合せるものがあったのである。

(プラトン『饗宴』久保勉訳、岩波文庫、一九五二年。原典は推定紀元前三八五頃)

この引用部分は、「雲」(紀元前四二三年)「鳥」(前四一四年)「女の平和」(前四一一年)「蛙」(前四〇五年)の喜劇作家アリストファネス(前四四五年頃―前三八五年頃)を登場させて、いかにもアリストファネスがいいそうなことだとして展開されているところである。

要約すれば、この第三のものは、男女両性の結合したものであるが、ギリシャ時代でも言葉だけが男女《おめ》として残っている。ここでプラトンは、人はしだいに男女といった言葉を「罵言」としてしまったことを記述している。(名称の劣化は、どの言語でも起こり得ることで、日本語の「貴様」も類似の現象と思われる)

この三種の性はいずれも球形をしていて、頭二個、手も足も四本、直立歩行をせずに、前後左右上下いずれも回転して進むことができた。(月が存在しない場合の地球の回転軸のようだ)恐ろしい力を持ち、気位高く、神も敬わず攻撃のために天上界に昇ろうとさえした。

そこで神々は、人間たちの力を弱めることを考え、ゼウスによって人間たちは両断された。男も女も両性具有者(現代の研究では、一個体の内部のホルモン・染色体などが左右に雌性雄性並列となっている）も。

ところが、半裁された人間たちは、もういっぽうの片割れを求めて、ひたすら抱き合った。これでは死に絶えてしまう。それで両性具有者の自己生殖ではなく、男女両性は生殖において役割を分担し、女が出産するようにした。しかし、もともと男であったり、女であったりして半裁された人びとのあいだから、同性愛者たちがあらわれた。

これらの現象の奥には、「全きものに対する憧憬と追求」（プラトン、前掲書）がある。

——プラトンを読む際には、この哲学者が女性という特質と男性という特質のあいだを行き来していることを、とくに、そしてもっぱら念頭においてもいいことになろう。

（G・シッサ「性別の哲学」内藤義博訳、G・デュビィ、M・ペロー監修『女の歴史』I／古代1所収、藤原書店、二〇〇〇年）

対話（饗宴のおこなわれたアガトン邸、紀元前四一六年）の終わりにソクラテスは、ディオティマ（ペロポンネソス半島の佳人、達識で、疫病の来襲を十年おくらせた女性として提示されている）に聞いた話を語り始める。

ディオティマはソクラテスの問いにたいして、知と無知との中間にあるものに気付かないのかと迫る。さらに「正しい意見とは明らかに智見と無知との中間に位するものというべきものでしょう」（プラトン、前掲書）と語りつぎ、媒介者・中間の担うべきものが、しだいに神と人間との関係に言及されていく。

『饗宴』の対話圏はすべてエロスについてなされるわけだから、結論部にディオティマに教えられたこととして、ソクラテスは話す。（どうしたわけか、日本語訳者たち、岩波文庫の久保勉氏は「ディオティマはかりに歴史上の人物であったとしても、このディオティマは深い意味においては詩人プラトンの創作というべきであろう。けだしプラトンはこの人物を導入することによって、この所説がソクラテスよりも、自身のものであることを暗示している」と訳者注をつけている。また中公バックスの鈴木照雄氏は、「たぶん架空の人物である」と書いている。しかし『饗宴』の主な登場人物たち、ソクラテス・アポロドロス・グラウコン・アリストデモス・アリストパネス・アルキピアデス・アガトン・エリクシアコス・パウサニアス・パイドロスすべてにプラトンの創作性が加わっている。創作性はともかくとしてディオティマを架空の人物とするところには、なにがしかの偏見を読み取ることができる。多くの女性の思想史家たちは、実在に創作性を加味したものとして、あつかっている。）

ここでプラトンのエロス論はディオティマを援用したことによって、排中律とは無縁の、中間性を強調しつづける。

エロスは神ではない。滅ぶべきものと滅びざるものとの中間にあるもので、媒介の役割を担うものであるとディオティマは強調する。

「――人間から出たことを神々へ、また神々から来たことを人間へ通訳しかつ伝達する。すなわち一方からは祈願と犠牲とを、他方からは命令と報償とを、それはまた両者の中間に介在してその間隙を充たします」

（『饗宴』前掲書）

論調はしだいに、人間のなかにある「断ち切られた半身」を求める愛の激越が、愛知へむかい知の統一体になることは、これまで、多くの研究者によって、指摘されてきた。肉体の愛（生殖によって、生命体を時空のなかに移しつづける）と愛知のいずれにも、エロスは媒介として働きつづける。

しかし、人間に働くエロスは、仕事とか、創作とかに浸透されてしまって、エロスを養分にして、半身の側に向かうことを忘れかねないのは、人の側の複雑さでもある。媒介するものが、常に優位に立っているわけではない。媒介者であり中間に位置するものであるが、苦悩にまみれる場合のほうが多い。しかしプラトンには、この種の場への言及はすくない。

いまのところ、両性具有者をめぐる肯定度はどうしても精神性の場や、ジェンダーに含まれる文化の面のほうが高くなっている。日本でも、言語表現などでは、男と女との性差はぐっと縮められてきて、共通語であろうと地方語であろうとにかかわらず丁寧表現と仲間内表現の双方に分かれているだけになっている。(命令表現もあることはあるが)

この接近が、肉体上の両性具有性を容認する場になり得るか否かは、いまだ断言できるものではない。

しかし百年前のジェンダーと現代のジェンダーとでは、両極性よりは、限りない両極の接近のほうが、多くの文化を充たしはじめている。

内発性に富んだジェンダーフリーの発展度は、肉体上の両性具有のほうが高いのではないかといった見解もある。ホルモンも遺伝子もタンパク質も決定論だけで動いているものではなく、創発性を内蔵している。

流動性

「液体曼荼羅は図形や立体の曼荼羅とは異なり、もとの形や構造を超越した新しい変化を生み出すことは事実です。」

（鶴見和子・頼富本宏『曼荼羅の思想』藤原書店、二〇〇五年。引用部分は頼富氏発言）

曼荼羅は、多くの場合、宇宙モデル・精神界モデル・存在論モデルと考えられて来た。金剛界曼荼羅も胎蔵界曼荼羅も複雑性を基層とした生成発展到達の相として見ることができた。

ここで液体曼荼羅が展開されれば、決定論のなかを貫くカオスの理論もより深く認識可能となるのではないであろうか。

金剛界曼荼羅と胎蔵界曼荼羅が流出性を持つとすれば、液体曼荼羅となって流動するであろう。辺縁は渦となって中心へ移動し、中心は、無限へと拡散する開かれた道筋が、よりダイナミックに展開されるとすれば、液体曼荼羅が、媒介する曼荼羅となる。

液体であれ気体であれ、流体は厄介な面も持っていて、淀めば、害をなす場合もある。人体内部の血液などもその一例である。全体の淀みではなくて、部分的な淀みでも病因となる。

曼荼羅は、聖性についてだけ考えられているわけではなく、悪曼荼羅についてもその克服法が追求されている。媒介する流体が、善にむかうか悪にむかうかは、液体曼荼羅が、善悪の均衡にむかわせるのではなく、わずかばかりバランスを破って超える力となるためである。そこにあるものは、——

吸いこむ息によって呼吸しているものが万物に内在するあなたのアートマン（個体の本質）である。下降する息《アパーナ》によって呼吸しているものが、あなたのアートマンである。

（「ウパニシャッド」服部正明訳、『世界の名著I　バラモン教典　原始仏典』所収、中央公論社、一九七九年、原典は紀元前六世紀頃）

ウパニシャッドに見られるものは個我に対峙する宇宙の最高原理（ブラフマン）としての唯一神ではなく、アートマンとブラフマンとの合一である。ウパニシャッドが梵我一如の思想とされるのもこのためである。新プラトン主義の心霊一元論への波及にも見られるものである。またアニミズムやスピノザの思想にも梵我一如の流れを見ることができる。

問答（ウシャスタ・チャークラーヤナがヤージニャヴァルキヤに質問する形で展開される）はさらに続いて、どんなものとしてアートマンが内在するかといった問いに「見ることの背後にある見る主体を、あなたは見ることはできない。聞くことの背後にある聞く主体を、あなたは聞くことはできない。思考の背後にある思考者を、あなたは思考することはできない。認識の背後にある認識者をあなたは認識することはできない。この（見・聞・思考・認識の主体としての）あなたのアートマンが万物に内在しているのである。これ以外のものは災いである」（前掲書）と答えられている。

背後にあるものは、脳の作用域にあるシナプスやニューロンによるとだけはいっておれない「流体」である。

この流体をめぐっては、私たちは、しばしば「つられ笑い」・「もらい泣き」などで思い当る気になっている。またシェイクスピア『夏の夜の夢』のなかの「パック　地球ひとめぐりが、このパックにはたったの四十分」（福田恒存訳、新潮文庫、一九八四年）とガガーリンの人工衛星の地球ひとまわりは、四十分ぐらいであったことに、びっくりしたりしている。（ガガーリンの乗ったソ連の人工衛星ヴォストーク一号が飛んだ一九六一年四月に、第I期『サークル村』では、宇宙思考の詩の合作が試みられたりしていた）

流体（液体・気体・重力など、時間とも離れがたく結びついている）曼荼羅の考えによらなければ、納得しがたいのが『聖書』「創世記」第五章の記述である。

「アダムの生存《いきながらえ》たる齢《よはひ》は都合《すべて》九百三十歳なりき而《しか》して死《しね》り」（日本聖書協会発行、一九六四年）にはじまり、アダムの子セツは九百十二歳まで生き、セツの子エノスは九百五歳まで、エノスの子カイナンは九百十歳まで、カイナンの子マハラレルは八百九十五歳まで、マハラレルの子ヤレドは九百六十二歳まで、ヤレドの子エノクは三百六十五歳まで、エノクの子メトセラは九百六十九歳まで、メトセラの子レメクは七百七十七歳までとつづけられている。

現代では、数秘術などは、あまり信じられてはいない。その上、グレゴリオ暦の時空の刻みを、時間観念と思いこんで暮している。従って、アダムからレメクにいたる記述にそれ程の注意を払うことはない。

ここで、現代の時空観念のとり違えから離れて、それぞれの人名を万物に内在しているつらモデルの命名法ととれば、一方的に否定し去る年齢ではないと思われる。

「レメク其妻等《たち》に言けるはアダとチラよ我声を聴けレメクの妻等《ら》よわが言《ことば》を容《いれ》よ我《われ》わが創傷《いたで》のために人を殺すわが痍《きず》のために少年を殺す　カインのために七倍の罰あればレメクのためには七十七倍の罰あらん」（前掲「創世記」第四章）と、「而して死ねり」とは、ひとつの地縁の文化圏が終りにいたる時である。名付けられた子たちは、ひとつの文化圏の内部から発生した異種の文化圏であるととることもできる。

レメクを例にとれば、百八十二歳でノアを生み（グレゴリオ暦の時空の刻みとは異質であるととったほうがいい。月のひとめぐりを一年ととってもよい。連続する物に刻みをつけるのは、人の側のなせる技である。一例をとれば、現在でも人は、十センチメートル幅の布を三等分するために、物差しを斜にして、十二センチメートルを三等分にしている。これなども連続量を十センチメートルと思う必要はないからである）七百七十七歳で消滅している。

異質のつらら文化圏は、ひとつの地縁文化の内部から派生し、ある期間併存し、（レメクとノアの文化圏は五百九十五年ほど併存している）多様な地縁文化にもとづいたつらら文化を作る。これで曼荼羅を描けば流体曼荼羅となるであろう。

肯定すべき美質だけではなくて、罰もまた倍増するとレメクはいう。美質の倍増事態も罰の倍増事態も人類は、歴史時間のなかでたっぷり見て来た。私たちの歴史認識はこの両者のせめぎ合いをどうとるかにかかっている。

ここで、視角を替えて流体のひとつである人にとっての時間をつらぬく「進化」について考えておきたい。

——進化は宇宙の構造に固有の現象である。それは実際、エネルギーが物質に変換する始原の宇宙で素粒子の形成としてはじまる。進化は宇宙の誕生とともにはじまる。進化は無方向的な過程ではない。なぜなら素粒子はすでに進化過程の明確な祖先であり、進化に特徴的な規則を示しているからである。

(リマ＝デ＝ファリア著『選択なしの進化』池田清彦監訳、引用部分は池田正子訳、工作舎、一九九三年)

進化といった言葉がふさわしいかどうかは別として、私たちは、生命体の時間を多様化として捉えている。「流体曼荼羅」の意識を持てば「始原」にかかわる何がしかの場を考えざるを得ない。それぞれの「つららモデル」のはじまりの現象は何によるのかと。いまだに科学理論が定説を得ていない進化の時間を、ランダムネスだけで納得するわけにもいかない。

ダーウィニズムにはランダムネスが支配していた。突然変異とか適者生存とかもその一例である。

リマ＝デ＝ファリアは自律進化説（物質やエネルギーの構造に固有な変換現象を進化とする説）をとっている。

前掲書のなかには、ネオダーウィニズムと自己の自律進化説を対比した章（第二十九章）がある。そのなかで、本稿で何度か追及した染色体については、つぎのように整理されている。

ネオダーウィニズム
染色体は第一義的な重要さを持つ

自律進化説
染色体は重要だが、二次的な役割しか持っていない。染色体は新しいものは何も導入していない。

寸評

染色体は遺伝子よりもさらに遅く出現した。なぜなら、それは遺伝子を組織化して集合させるからである。染色体は遺伝子の位置と機能に秩序を導入した。

（前掲書、引用部分は法橋登訳）

私はいまだに、ネオダーウィニズムと自律進化説の間でゆれている。第二三染色体のモザイク状況についても確率による測定だけで納得しているわけではない。

変容をめぐるランダムネスと秩序は、存在を流体と考える場にも必要な視点である。生命体の多様化の過程に見られる自己保存と変異は相反する原理を内包しているが、この相反原理なくしては、現在の生命体の様相はない。アンドロゲンとエストロゲンもまた相互抑制機構を持っていて、一方だけが、暴走することはないであろう。しかし担い手にとっては、ランダムネスを生き抜くことも必要である。

三極性

――二極構造では世界はAと非Aにどこまでいっても分類しつくされます。これは形式論理学の構造です。それに、三極構造では、外円は分類されるのに対して、内円はどこまでも未分化のまま存在する。

（鶴見和子「創造性をどうやって育てるか」、『鶴見和子曼荼羅Ⅳ 土の巻』所収、藤原書店、一九九八年）

どこまでも未分化の内円として、本稿「ターナー女性考」では、性染色体・常染色体のどちらでも起り、体細胞分裂と減数分裂（受精）のいずれでも起るとされる研究結果についてふれておいた。

三極構造は、生命現象・社会現象にいくらでも見られるものである。「三」について古来人の意識は、豊富かつ多様である。

三の数字は、なにによらず、それぞれの世界を示す標示だから、こころみに諸橋さんの『大漢和辞典』の三の項目を抜げてみても、おそらく千五百前後の語彙を拾うことができるはずである。

（郡司正勝『和数考』白水Uブックス、二〇〇一年）

同書の三の用例はまことに多様である。三三九度から、三国一（例えば「三国一の花嫁」といった流行語）、三界《さんがい》とつづき、聖数から、通俗数まで到る。（「三国一」から「三号雑誌」まである）

いっぽう数の神秘主義の研究と象徴性・オリエント学の研究によっても三の用例はつぎつぎに展開されている。（F・C・エントレス、A・シンメル共著『数は何を語るのか』橋本和彦訳、翔泳社、一九九七年参照）

――ヴォルフガング・フィリップ（プロテスタント神学者――引用者）は、すべての存在が三極の感動（Ergriffenheit）からなり、その感動は波動・放射、および凝縮として現れると主張した。フィリップによれば、われわれはその本質からして三極的であるため、それに対応するという数に特に親しみを感じるのである。

（前掲書）

同書に言及される三極性はピタゴラス派の三位単一性による生命の発生、ダンテによる愛の原理にはじまり、日本の例としては「阿弥陀如来・勢至菩薩・観音菩薩が天界の力を代表する」とされている。

世界いたるところで、原始古代から現代にいたるまで、民話・民俗・神話にはじまり、文学作品・思想の書にいたるまで、三極性には力点がおかれてきた。二に示される対称性の破れを内発させるのは、三においてである。

あなたは三つにつながった振り子の動きを予測することさえできないのである。あなたは三つのたがいの重力が引きあう物体に願いを託すことすらできないのである。（中略）世界はあなたの哲学よりもっと複雑なのです。

（S・カウフマン『自己組織化と進化の論理』米沢富美子監訳、引用部分は森弘之訳、日本経済新聞社、一九九九年）

カウフマンの指摘に見られるように、三極性のいずれかに支点を措こうとすると、いつも無理を引きずって来た。

ジェンダーにおいても同様であって、現在までのジェンダー論は、男性性か女性性のいずれかに支点を措いて、媒介する場にいる中間の性を無視するか、対称性だけを強調するかのいずれかである。

ここに、まともに三種の性をあつかった文学作品がある。とはいっても自然主義とは距離を措かざるを得ないSFのジャンルにおいてである。

要約すれば惑星・サトリンの自然は入植者たちのために磁気シールドを持った、人工自然であって、磁気シールドによって、昼と夜を統御している。

この地の子たちは、十三歳になって、はじめて性の成熟をはじめるが、女になるか男になるかは本人の意志による。人びとは選択の強迫のなかで、さまざまな悲喜劇を演じ生き死にするが、ついに選択を受け入れなかった人もいる。ソラである。(D・ジェロルド『ムーンスター・オデッセイ』小隅黎・松本薫訳、サンリオSF文庫、一九七九年参照)

新しい生命の誕生から物語は開始される。

新しい人間がこの世に生まれるたびに、神々、リースとダッカは、息をひそめる。神々はみずからが何になるのか知らないものの出現を怖れる。そういう人間がひとり生まれるたびに、神々は死に近づくからだ。リースかダッカか、女か男かの〈選択〉の時がきたときに、どちらも選びそうにない人間がそれであり、そういった内なる神を受け入れない者があると、神は少しずつ死ぬ。だから誕生のたびに神々は息をひそめる。今度の子はどうだろうか？

（D・ジェロルド、前掲書）

「どちらも選びそうにない人間」ソラは、性が放つやさしさを持ちあわせていないわけではない。性愛の体験もある。両性具有者ではない。作者は「彼女は」と女性代名詞を使って書く、しかし「ソラには性がなく、人に知られることを気にしなかった。奇妙なことにそれは彼女をいっそう美しくした」

人びとは、ソラを異常者と見てきた。そのために以前はメランコリックであったが、いまは、内部の栄光で輝いている。

女でもなく、男でもない人には、子たちを持って「親」になることはできない。しかしソラは自らの方法で愛することも愛されることもできるようになる。愛することで、はじめて生きる価値を知るようになる。「愛の真実をからかったり、拒否したりするのは、それを知らない人なのよ」と、未だ決めかねている若い子にいう。

三極構造のなかにあって、しかも人びとが対称性だけしか認めようとしない（選ばなかった中性者は、どこにいっても三日以上滞在することを許されない）世界で、「選択」は人びとをとらえてやまない。

「性モデル物神」（本書四五頁）でもふれたように、選択には法による強制までつきまとっていた。

性を離れた対象、芸術とか科学とかが、人のエロスを吸引してやまない現代にあっても、両性具有者には、外科的手術を強行している。

本来三極性を持ったものを、二極にしようとすれば、無理と残酷性を持たざるを得ない。二極にしたものから一者を選び担わせようとすれば、なおのことである。

一極だけを選択し、担い生きることの無理を追求した文学作品は多い。その多くは、両性具有というよりは、両性間移行である。二十世紀中に書かれて人気を得た作品は、ヴァージニア・ウルフの『オーランドー』（一九二八年発表）であろう。

この作品では、オーランドーは、トルコ大使の時に、一夜で男から女に変ってしまった。しかし「自己同一性は少しもゆるがなかった」（V・ウルフ『オーランドー』杉山洋子訳、ちくま文庫、一九九八年）

——男女両性が二分されたままだと、無数の不純物が澱む暗がりに真実を見失ってしまうものだが、今やそうした曖昧さは取り除かれた。（V・ウルフ、前掲書）

二分法ではなくて、二極性を移行することで到り得た詩人、オーランドーの「真と美」は、三極性を体現しようとするところまでには行かなかった。媒介する性によって担われるものは、染色体の研究による第二三染色体のモザイク状態が発表された一九六〇年代を過ぎねばならなかったことにもよる。

にもかかわらず人類はいまだこの三様の性にたいする対応を自らのものにしていない。生物学は相変らず、この点で哲学・倫理学・社会学・法学を引き寄せ引き摺る力を得てはいない。日本国憲法の「婚姻は両性の合意のみにおいて成立し」（第二十四条）の両性をどのように書き替えるかは、まだ問題にもなっていない。（すでに替えたところもある）

デイヴィッド・ジェロルドは媒介する性の媒介力を愛においた。愛におくとは「時代遅れで陳腐だということはわかっている」、しかしこれはこれから選ぼうとしている人にたいする人々の「最良の贈り物」だといい「あらゆる真実というものは、際限なくくり返され、しまいには耳について、陳腐な決まり文句になるものよ――ただそれは決して真実であることをやめないわ」（デイヴィッド・ジェロルド、前掲書）

媒介する性がもつ真実性は性の多様性を知った現在でもカリフォルニア・ジェネレーションの手になるＳＦのなかで構成されるにとどまっているのは、思想の場でのひとつの不幸である。

天下皆、美の美為《た》ることを知る、斯《これ》、悪なる已《のみ》。皆、善の善為るを知る、斯、不善なる已。

（『老子』小川環樹訳注、中公文庫、一九九七年。原典は紀元前五世紀末より四世紀前半と推定）

おわりに

中間性あるいはグレイ・ゾーンを内部に持つ生命体の性別のなかで、媒介の質を担いうるものは、〈愛〉のみであろう。

平凡で陳腐でも、愛は真実であるとデイヴィッド・ジェロルドは強調している。人は、自己の非完結性を他者との関係に内化させ、さらに外化させせようとする。

愛は、数千年以前から現代にいたるまで、哲学上の主要な課題であり、文学作品の尽きることのない表現法であり続けた。現代では、自己を実現することにおいても他者を生かすことにおいても高い完結性を持っている愛について語ることを、人は、口ごもっている。時として、「愛」のなれの果てや、恐ろしさの方ばかりに目が行ってしまうこともある。

これまで書きつづけて来た、いわゆる中間の性といわれる人びとの愛は、生命体のなかに含まれる、事故のように発現されるものであろうか。そうではないはずである。

つぎにかかげる文章は、人さまざまな愛の起因と渦の様相を前にして、いまだに「知」の領域が示している困惑の風景に言及したものと思われる。

——あるクラスで聖書の創世記を読んだあとで、学生たちになぜ「知る」という言葉が性的な意味と認識的な意味の両方で使われていると思うか尋ねたところ、ある男子学生がこう答えた。「わかり切っている！　どちらも力を意味するからだ」。すると一人の女子学生がこう反論した。「それは違う。どちらも触れることを意味するからだ」と。

二つの答が両方とも正しいといい切れる学生は、一人もいなかった。

（E・F・ケラー『ジェンダーと科学』幾島幸子・川島慶子訳、工作舎、一九九三年）

「知る」をめぐるこの両義性は、日本語でも、相変らず混乱の相を示している。ここで男子学生の意見をアンドロゲン過剰といい、女子学生の意見をエストロゲンの横溢というつもりはない。「両方とも正しい」といい切るわけにはいかないのは、双方にみられる「根づき」の欠如であろう。

根源に「愛」がなければ、「知」はむなしいものになってしまいかねない。にもかかわらず、知と愛とは対立する方向を持っていると思いこんできた。

理性と感性、実感派と論理派は、現在では辻で行き会って、別の道を進んでいったと、思い込む場合のほうが多いように思われる。

しかし媒介する者たちは、辻にとどまることを自らに課している。この辻にとどまることとは、意識の内圧を高めることによっても可能だが、生まれながらに媒介の質を担っている中間の性の人びとは、やはり辻のもつ内質を自在に動かし得る場にあるのではと思われる。「媒介する性」を書きつづけるに当って、私は、医学や生理学に深入りすることを避けてきた。生理学的決定論には、いまだに、相反する結論を導きかねないような、モデルの設定がふくまれている。そもそも推論にあたっての、原点の措定からして、多くの省略をなした後に、そこから莫大な計算をして見せるものもある。

現段階では、遺伝子決定論が幅をきかせている。このなかには、生命体に内包されつづけてきた「超える意志」を無視したものもあり得る。現在までの脳科学では、「超える意志」の存在は感じとっているが、化学物質（遺伝子を構成する）の相互作用には、複雑すぎて対応できていない。さらに、生命体の行動（愛から思弁・直観を経て）については、いくらでも「例外」が出てくる。もはや「例外」とは何かさえもわからなくなっている。

にもかかわらず、個人の主観によって「例外」とあつかったものにたいする存在の否定・無視・迫害・同情・蔑視・追放・拒否・無責任な好奇心・忌避などは、熄むこともなく続いている。

ここにある愛の欠如にたいする内省は、平凡でも陳腐でも、大事なものであろう。

〈幕間エッセイ〉カタリスト

バッグに読み物を入れてこなかったと知ったとたんに、ホームに落ちている「新聞紙」さえ拾って読みかねない「活字中毒」の女たち十数人と「カタリスト」（触媒）と名付けた読書会を持ち合って、二十年近くになる。

報告も、本選びも輪番である。毎月一冊。選ばれた本に異を唱えることはできない。好みであろうとなかろうと、読んでくる。

誰もが「理解しよう」などといった、恐ろしいことは考えたことがない。人は他人様が書いた真意を、理解することはできないものだと初めから思っている。ただ、そこにある一冊の本が、自らにとって、媒介となり得ることを求めているのである。

媒介となる本の作用によって、固有の重力場が生じる。（物理的な重力については、いまだに認識に達せずに、互にいさぎよく諦めている。質量――万有引力など、ますます抽象の階段を登らされるばかりで、重力場の作用因について、カタリストのメンバーも、イメージを追ってはみたが、それぞれが独自の個性のもとに、媒介とすることを避けてきた)

それぞれにとっての重力場の触媒となったその折々の本たちは、まことに種々雑多である。『女と男の時空　原始・古代篇』(これだけは四ヶ月かかった。異例のことである)もあれば、『般若心経』あり、ニーチェの『悲劇の誕生』(このときはニーチェ・ファンの男たちに、のぞきに来られた)ありと、あたかも、気儘な旅人のようにしておれるのを、愉快がっている。

自然学敬遠派でもない。進化論仮説などについて語り合ったこともある。リチャード・ドーキンスの『利己的遺伝子』、スティーヴン・J・グールドの断続平衡説、木村資生の分子進化の中立説などの最近の進化論のなかで、メンバーに最も気に入られているのは、リン・マーギュリスである。

繊毛など微小管からなる細胞内小器官は、ミトコンドリアや色素体と同様に共生によって進化したというのが私たちの考えである。

(L・マーグリス、D・セーガン著『性の起源』長野敬他訳、青土社、一九九五年)

彼女はラブロックとともに「ガイア仮説」の提唱者でもある。真核生物は共生の産物であるとする共生進化説である。これが大いに気に入ったようである。

気に入るか入らぬかで、学説をわけるなど、「科学的」とはとても言えないことはわかっている。にもかかわらず、生物学者でもなく、実験手段も持たないわけだから、その学説が、胸はずませる論理であればよいわけである。

加えて、息子のドリオン・セーガンとつぎつぎに共著を出版しているのも、「素敵だあ!」と思わせている。

気に入ったとなったら飽きるまで、同一著者のものをつぎつぎに読む。

ゲーテのときも同様であった。ヘルマン・ヘッセ、ミシュレも『学生よ』(藤原書店)を読んで以来、病みつきになっている。

女性についての「妖精として生まれる」とか「千年にわたる医者」(『魔女』)といった表現に苦笑いしてみたり、「民衆ですって、われわれ全員民衆ではないのか」(『学生よ』)に喜んだりしている。ついでに、「いかにも一般大衆が喜びそうな……」などといったりする、テレビのコメンテーターの発言にぶつかったりすると「私は一般大衆だけど、喜ばん」と言ったりする。

カタリストのメンバーは、何人かの著者にこうやってファン心情を抱きつづけた。「体系作りのための勉強」などといった意志は、初めから持たぬことにしている。転じて、文学や古典、自然学、歴史書ばかりではなく、現代のトラウマに正面から対峙しようとしたこともある。(何しろ二十年近く持続しているのだから)劣化ウラン弾、生物兵器、化学兵器、地雷、失業、ホームレス、差別、麻薬、国家幻想、経済戦争、飢餓、性差別などなど。「ああ、眼が廻る」などといいながら、トラウマを引きずらねばならない。

書籍にはじまり、新聞紙にいたるあらゆる情報を触媒とするためには、メンバーが使っている速読の方法というものを最後に付加しておこう。

まずテキストを手にすると、十五分以内に一冊分眼を通すことにする。斜め読みでもよい。(この点、日本語の縦組みは助かる。)目次読みでもよい。好きな言葉を拾いながら、イメージをふくらますのもよい。精読は、この十五分の後にくる。ノートをとるもよし。テキストに自分流の記号を付けまくるのもよい。やがて情報は自己触媒となる。

〈補1〉「女と男の時空」とは何か

男女関係史という視点——「日本女性史」問い直し

いくつかのキーワード

『「女の歴史」への誘い』（藤原書店、一九九四年）には、『女の歴史』（全五巻）の総序および各巻の編者の序論も集められている。

このシリーズにかかわった各巻の編者たちがすべて、今回の『女の歴史』は〈男女関係史〉であると強調している。

私たちが現在進めている『「日本女性史」を問い直す』プロジェクト『女と男の時空』（全六巻）のほうも当然のこととして、〈男女関係史〉として展開することを、志している。

すでに、〈男女関係史〉の思考方法をめぐるキーワードのいくつかが浮上している。列記するならばつぎのとおりである。

①反証法　②差異性　③男女共生原理　④カオスを見る眼　⑤シンクロニシティ（同時性）⑥対称と非対称　⑦エンド人《びと》とエキソ人《びと》　⑧周辺諸科学の捲き込み法　⑨時代区分の検討。

執筆者たちがこれらのキーワードをどのように使いこなすかは、それぞれのかたがたの判断にまかせるしかない。しかし、私たちは、最小限の了解事項として高群逸枝史学の批判的継承とアナール派の方法に対応することを申し合わせてきた。

思考方法として、これらのキーワードの過不足は、脇田晴子氏をはじめとする多くの女性史家たちにも加わっていただいて、内容を濃くしつづけたいものである。なぜならば、今回の『日本女性史』を問い直す」プロジェクトのなかには、東京大学出版会の『日本女性史』『日本女性生活史』に執筆なさったかたがたも参加しておられるからである。

ここに並べたキーワードは、「男女関係史」として、「関係」に重点を置いたときに相互に連関し合うものである。これまでの女性史は、ともすると歴史学固有のタームをめぐって、論じられて来た。これは、必要なことではあるが、私たちは、いままでの歴史学の方法と他の諸科学の方法とが相接する領域での、相互作用をも検討したいのである。

女性史はつねに新しい提言によって泡立っている。そこには、イデオロギーを超えた凝集状況が作り出されるといった予感がある。相互批判はそのためのものである。

さしあたって本稿では、①反証法　②差異性の双方のキーワードについてだけ述べることにしたい。残りの項目については、編者たちか、あるいは私自身によって別の機会に「記述」がなされるであろう。

反証法

高群逸枝の『母系制の研究』（初版は一九三八年、厚生閣、全集版は一九六六年、理論社）『招婿婚の研究』（初版は一九五三年、講談社、全集版は一九六六年、理論社）は一面では、父権・父系制にたいする反証の書ともいえる。このために文献学的方法によって、数万枚のカードがとられ、実例（父系制にたいする反例でもある）は大量に重ねられた。（それでも高群逸枝の魅力はカオス性をあふれ出させるところにある。）その多重実証法によって、つぎのように自信にみちた断言はなされた。

わが国における招婿婚は、けっして単なる遺制あるいは遺俗などではなく、発現・経過・終焉の段階をもった歴史的存在である。それは前述の期間（「太古から鎌倉末期――あるいは南北朝期――におよぶ」と前段にある――引用者）における絶対的支配的婚姻形態であって、これと併存する他の形態をみることはできない。（『招婿婚の研究』全集版、三頁）

例外と思えるものはいくらでもある。だがこれら例外は、反例とはならない。したがって、夫方居住婚と父系を重ねて考える人びとに対して、自分の説を反証できるわけがないといい切ったわけである。

にもかかわらず社会人類学・歴史学から反論がつぎつぎに出された。双系制学説も提出された。

これらには、高群逸枝の〈母系制〉のヒントとなった多祖現象（同一氏族の内部にありながら、それぞれのメンバーが、異った先祖から出ていると称していること）について視角を変えて、異説を出す可能性を唱えるものも含まれていた。

ここで現在の女性史学は、多重実証法の密林に踏み込むか、それとも、多祖現象につながる系の発生点の分析と検証によって、それぞれの思考方法を確立しなければならないかの位置にある。

どのような史資料であろうとも、さらに真偽の検証ずみの史資料であろうとも、発生期についての見解を異にすれば、歪みに歪んだ、巨塔を築きかねない事態は、男性中心のこれまでの歴史学によって、私たちは、たっぷり見せてもらっている。

差異性

『女の歴史』（Ⅱ／中世1・2）は、日本の女たちの存在学にとっても、ひとつの鏡である。ここで、私たちは相互の鏡像を得ることができる。

ひとつの例をあげるならば、紫式部・清少納言（ふたりとも十―十一世紀）をはじめとする女の文学が数多く華麗にあらわれた中世、ヨーロッパでは修道院を中心とする女たちの表現世界があった。その点について『女の歴史』ではつぎのように書かれている。


……十二世紀には、ドイツのルペルツベルクのベネディクト会修道院長ビンゲンのヒルデガルト、ついで十三世紀と十四世紀には、フランドルのシトー会修道女ナザレートのベアトリス、同じくフランドルの修道女で詩人のハーデヴィヒ、ドイツのベギン会修道女で神秘家のマグデブルクのメヒトヒルト、ベルギーのベギン会修道女のマルグリット・ポレート、およびその他の女性たちは、自分たちのもの書く能力をはっきりと意識していたように思われる。

(『女の歴史』Ⅱ／中世2、六八三―六八四頁)

作品もまた『愛の七段階』(ベアトリス)、『神秘のあふれる光』(メヒトヒルト)をはじめ、「それぞれの国固有の言語のなかに地位を占めている。」(前掲書)

この修道女たちの作品のあつかわれかたは、現代までの紫式部をはじめとする中世日本の女たちの作品とは異っている。たとえば『源氏物語』などは作品の完成から、千年近くたった現在でも、学者・研究者・作家などが群れをなして研究している事態がある。これまでに発表された研究論文・解説書・現代語訳などは、図書館の書架ひとつから、優にあふれ出るほどになっている。

この差異を、作品の質の差とだけとってしまえば、女性史の思考対象からは離れる。おそらくここには、構造的な差異性と、社会の基層の差異性を引きだした「何か」があるであろう。

もとより、ヨーロッパのキリスト教世界は、五世紀、キリスト教世界に犯されずに、知的優位性をたもっていたアレクサンドリアの図書館を襲い、哲学学校の女校長（数学者・論理学者・天文学者・哲学者）ヒパチアを「男を教育する女」という理由で憎悪し、虐殺した、歴史を持っている。

これもまた時系列のなかに折り畳まれた「差異性」の構成要素のひとつであろう。日本の女たちと男たちは、『源氏物語』に、男を変える力と女を変える双方の力を見た。この力は、男女に共有された意識界に潜入し、女たちの表現世界を閉ざしてしまわないほどの、潜在力ともなったと思われる。

紫式部は、作品によって、男たちの精神世界を変えた女たちのひとりである。ことは、紫式部や中世の女作家たちにとどまるものではなく、すべての「働く女たち」の意識界にも、男たちが粗野な「抑圧」の論理（けがれ観を極端に単純化したものも含む）を、横行させようとするとき、その実体を「あぶり出させる」作用をも持って来た。

「あぶり出し」の作用は、つねに正の側にだけ働くとは限らない。負の側に働くこともあれば、闇の力のなかに凝集するときもある。正負の力の解除法と強化法をめぐって、多様な伝承の型と儀礼の「かたち」は、中世の「しごと」（男女の役割の、分れと交錯と協同）の内部にも浸透している。したがって、この国の男と女との存在の姿は、「職業」「所有権」「組織」といった分類法から、たちまちあふれ出てしまう。日本の風土のなかで育った差異性は、このあふれ出る様相のなかにも見ることができる。

中世の女たちの作品もまた、日本の場合はこの「あぶり出し」と「あふれ出し」の相互作用のなかにあったといえる。差異性はむしろ、この相互作用そのものの動く姿にもとめられるであろう。

ヨーロッパ中世の修道女たちの作品が、どのような形であふれ出しを惹き起こしたかについて、『女の歴史』は、可能なかぎり正負両面の探究をおこなっている。これもまた、ひとつのヒントである。

「時空」の歴史学――高群逸枝とアナール派

長期の時間をつらぬく双面の色調

――一人の人間の前に立つと、私はいつも、ある運命とある風景のなかに閉じ込められているこの人の姿を見たいという衝動に駆られる。運命はこの人の意志とはほとんど関係なくできあがっており、風景はこの人の後ろに、また前に、「長期持続」という無限のパースペクティヴを描き出している。

（F・ブローデル『地中海』Ⅴより）

縄文から現代まで、女たち男たちの関係（共生と支配関係との間をめぐる相互作用劇）の時空に耳をすまそうとすると、複数の時間系が、空間を織りあげている。

長期の時間は(ブローデルにならって持続ということのほうが適当と思われる)、まず、『古事記』神話にはじまり、血盆経を通り、天皇制へいたる象徴作用に貫かれた関係の怪異として、私たちの前にあらわれる。個体による対峙は、一万年の時空を通じて、何度も試みられはしたが、この短期の時間は、長期持続の象徴作用の力動に呑みこまれてきた。

しかしいっぽうでは、『万葉集』が現代にもなお、命脈をたもち、女たちを表現世界の後方に閉ざすわけにはいかなかった歴史を、私たちは持っている。(『万葉集』四五〇〇首中、女たちの作は五三五首。古代七五九年までに作られたものである。)どのような男権主義者といえども、「男たちの筆のみで女を表現する」と威令を下したとたんに、空威張りの愚行を演じてしまわねばならなかったのである。しかも『万葉集』であれ、『源氏物語』であれ、文字表現が、必ず音声によって響きわたる〈朗詠〉をともなっていた事実は無視できないものであった。(現代では、恋文を相手の窓の下や縁先で読みあげる人びとは、めったにいないので、類推は困難かもわからないが。)

この響きわたる音声が、群衆のダイナミズムを得たのが、幕末の「おかげまいり」と「ええじゃないか」であり、明治期、大正期の二度にわたる波及力をもった「女たちの米騒動」

であった。
日本の女性史を語る場合、私たちはこの双面の色調が、メビウスの輪のように長期の時間をつらぬいていることを考えておかねばならなかった。

高群逸枝の批判的継承

一面だけによって書きあげられた「女性史」は、仮りに、検証に検証を重ねた史料にもとづくものであったとしても、コンピューターを駆使した、数量化のいきとどいたものであったとしても、資料としての「ありがたさ」と共に、外挿法への不満をも連れてくるものである。

幸い私たちの前には、高群逸枝（一八九四―一九六四年）の大著女性史三部作（『母系制の研究』『招婿婚の研究』『女性の歴史』）があり、万葉の時代のように響きわたる朗詠にふさわしい詩作の数々（代表的なものとしては『日月の上に』『東京は熱病にかかっている』）がある。高群逸枝はどの著作においても、怪異な象徴の力動（『古事記』―血盆経―天皇制）と高揚（歌の朗唱から米騒動へ）との双面によって作り出されるメビウスの輪を考えている。さらに、このメビウスの輪のなかにあっても、濃密な生命愛をつらぬく精神を、出し惜みなどはしていない。

ただ、高群逸枝も学界の潮流がもたらす一方向歴史観から自由でなかったために、この国の族制と婚制を、母系制から父系制の歴史時間の変化としてとらえてしまった。このことは、私たちにむかって、族制への再検討をせまるものとなった。そのためもあって、高群逸枝の『家族復元法』は女性史家たちに微細な点にもおよぶ再検討の密度を高める必要性を残した。

しかし、法制史上の範疇で歴史を考えるならば、現代の双方社会に先行して、「父系制」と「父権制」のみが制度化されたといえる。律令制との結託のなかには、母系制や母権制といった範疇はない。「制」とか「権」とかいった言葉は、女性史にとって、そのまま使うわけにはいかないのである。国家論を抜きにした父権などはない。したがって、この「父」を「母」に入れかえてみても、女たちを高揚させることにはならない。「父権」と「母権」、「父系」と「母系」の範疇の差異の相を究明することは、高群逸枝の批判的な継承のなかでの急務である。

アナール派という可能性

幸いにも日本の女性史を一面性で書き連ねる愚から解放する可能性を、私たちに提供したのは、アナール派である。なかでもブローデルの『地中海』は、歴史は「複数の歌声を響かせるはずである」（第Ⅴ巻）からもうかがわれるように、旋律の多層性を求める私たちに、方法としての可能性を拓く誘いかけに溢れていた。

「時空」といった概念もまたアナール派の主旋律である。

時間と空間が単一のカテゴリーとして把握されるとき、問われるのは、回転可能性である。時間を単一方向のスケールとして、そこに、「出来事」を並べただけでは回転体はつくれない。空間との相互変換が必要である。

ブローデルは「事件は塵」といった。無数に散在して、人に目くらましをかける塵の集積が歴史ではない。

ここで私たちは、この回転体の軸を〈男女関係の像〉においた。

「女性史を書くこと」をめぐる問い
――日仏シンポジウムに参加して――

語り残されたアポリア

「日本とフランスで女性史を書くこと」（一九九七年三月十四日）、「日本で女性史を書くこと」（同年三月十五日）が、フランス側から提示された主題であった。となれば、「女性史＝男女関係史」にふくまれるアポリア（難関）をめぐって、対論は進められるべきであった。

たとえば、

①極小領域へのこだわりが、実証の蟻地獄に落ちこむことなく、〈女と男の関係史〉の総和へむかって、開示力となるためには、どのような方法が有効なのか。
②統計資料や図像の提示のなかに、「統計で嘘をつく法」や「写真で眼くらましをかける法」などの危うい側面があることの検討は、歴史書を書く技術として、どの程度まで可能なのか。
③ヘロドトス、ミシュレ、ブローデルの記述に見られるような文学的香気は、最近の歴史学にとっては、無用の長物なのか。
④独創性の許容範囲は、どこまでなのか、
といったように。

しかし、フランス側からも日本側からも、これらの問題提示が前もってなされなかった『女の歴史』の各巻の編者たちは、先にのべた四項目について、序文のなかでなにがしかの問題を提出している）せいもあって、「女性史を書くこと」の中心課題は、もっぱら『女と男の時空』（全六巻）を「説明すること、展示すること」で時間切れとなってしまった。まことに無念である。

愛＝起因子

Ｍ・ペロー氏よりの日本側にむかって提出された質問は、四項目に渡った。（同年三月十五日）

①『女と男の時空』の特色　②アナール派との関係[1]　③歴史を認識する方法　④どのような人びとにむかって書くのか。

これら四項目に対して、日本側は交互に説明する側にまわった。第一・二問に対する解答は、『女と男の時空』全六巻にあるので、重複をさけて、ここで特記はしない。ただ、「高群逸枝の批判的継承」（高群にはアナール派の方法が生きている）をめぐって、「高群逸枝の愛についての観相こそ、女性史の原点である」とする永畑道子氏の発言には、ひとつの衝撃が走った。

一九二六年、高群逸枝は、『恋愛創生』を上梓した。『母系制の研究』をはじめとする全女性史への視角は、ここに定まったといえる。女と男の対称性が、崩れ、定まり、爆発し、沈滞し、活気づき、分離し、彷徨を開始し、ふたたび相互性を得る、といった関係の時空を綜合する力こそ、「人類の記憶としての歴史」に必要なものである。

この視角は、いままで歴史叙述を支配した構築系に対して、散逸系といわれるものであろう。しかし、この散逸系こそ、現代の複雑性にむかって視点を定めるには必要な思考モデルである。

この散逸系は、ペロー氏より「方法」を問われたとき、「さしあたって、これだけは」として答えた、鶴見和子監修者代表の〈つららモデル〉にも通じるものである。

〈つららモデル〉

鶴見和子氏は、時間概念には〈階段モデル〉と〈つらら（垂氷）モデル〉があるが、自分は〈つららモデル〉をとる、とされる。先行したすべての時代は、いたるところにぶらさがっているとする立場である。〈階段モデル〉のように、人の世は、低い方から高い方に進んでいくものではない。〈階段モデル〉をとれば、下段の存在（人・国・民族をふくむ）は、上段を目指し、上段にいるものは、やはり登るしかない。歴史時間とはそのようなものであるとする立場である。

『女と男の時空』では、〈階段モデル〉をとらずに、〈つららモデル〉をとってきた。そのためもあって、第Ⅰ巻「原始・古代」では、「基層への提言」として「アイヌのシャーマン」と「中国の女文字」を加えている。いずれも現代の事象であるにもかかわらず、である。つららの力を重視したためである。(鶴見和子「われらの内なる原始人」参照、『漂泊と定住と』所収)

さらに第四問、「誰にむかって書くのか」にたいしては、歴史学者にむかって書いたのではなく、人類の頭脳であり、知の最前線である、「いかに生きるべきか」を問いつづけている女たち・男たちにむかって書いたと答えるにとどめておいた。

おそらく、この場からも、新たなアポリアが派生するであろう。「専門家」はすべて、どのような分野の担い手であろうと、「専門性」といった場の占有と、占有の負荷を担ってこの世に信号を送りつづけているわけだから、信号の量と質をめぐって、つねに疑惑と懐疑にさらされている。返信は、どのような場合でも、「人の生」の側から来ると思われる。

(1) 藤原書店社長の藤原良雄氏は「一九八〇年よりアナール派の文献を翻訳出版した」と回答。

歴史学的愉快——『女と男の時空』全巻完結まで

今秋（一九九八年）『年表・女と男の日本史』をもって、『女と男の時空』全六巻と別巻をこの世に送り出すことになる。

年表の作業は、本巻と同時に開始され、一項目に一論文を書くほどの手間をかけながら、本巻各巻の記述を見守り参照しつづけて今日にいたった。

書き手たちにとっては、苦渋にみちた年月であったたであろう。しかし「苦労だった」と語ったりはしなかった。人は、自らの仕事を「苦労」としてとらえたとき、その瞬間から精神の堕落を呼びこむものである。したがって「労苦」よりはむしろ、「歴史学的愉快」にむかって、書き手たちは、自らの喚起力を鍛える側に廻った。

『女と男の時空』の編集作業が開始されたのは一九九三年の初頭からである。私は、その折々の気配を、短いフレーズにしてきた。（俳句に似ているが、俳句というわけにはいかない。）いまここに、それを並べて、進行過程を追認する一助としたい。

一九九三年末〈花乞いの足の下にも百八草〉この年、「女性史を書くということ」は、花を求める思いであった。しかし、「何が歴史たり得るか」を考えるとき、時代を生き抜いた女と男が織りあげる世界は、あまりにも多層性と多義性を示していた。

一九九四年末〈群れ舞いてメビウスの輪を走行す〉八割近くの原稿が寄せられた。編者たちは、群舞を見る思いであった。歴史時空のなかで、女たちは、否応なしに周縁性の場にくぐもっていたわけではない。女と男の位相は、表面から見れば、裏面に行き、裏面史を書こうとすれば、表面を引き寄せてしまうといった事態の輪のなかにあった。

一九九五年末〈海鳴りに時空の弦を張らんとす〉この年『ヒメとヒコの時代——原始・古代』（九月）『鬩ぎ合う女と男——近代』（十月）『爛熟する女と男——近世』（十一月）の三巻が世に出た。「高群逸枝の批判的な継承とフランス・アナール派との対応」を目指した出発点の意図とその到達点には、内省を自らに課すべき場を残している。しかしこれは成熟へむかう、ひとつの過程でもある。

一九九六年末　〈山萌えに終ることなき仮面劇〉『女と男の乱——中世』（三月）『おんなとおとこの誕生——古代から中世へ』（五月）『溶解する女と男——現代』（七月）をもって本巻六巻は完結した。

ここに来て、一万年にわたる過去が、現代に働く場を持っていることも、近未来が、現代のなかに根を持つことも、納得することができる。

はじめに提出した女と男の存在論モデルであった男女共生原理・対称と非対称・エンドとエキソ・リゾームなど（I序）が、監修者代表鶴見和子氏の内発的発展論の論理（私たちは、これをカオス理論のなかに見て来た）に見られるような、集中力を得て展開されはじめた。

また「本質存在は、関係存在である」としたヘーゲル論理学の方法もまた、女と男の関係史を追求することによって、例証可能な場を得たともいえる。

これを「仮面劇」としたのは、仮象が呼ぶ全体像へのメタファーを探るためでもある。

一九九八年夏　〈潮騒にマンダラあまた開閉す〉　年表が完結にむかっている。

ひとつひとつの項目のどれを拾っても、人はそれを、マンダラとして、描くことができる構造を持っている。

たとえば一〇五四年の中段には、次のような記述がある。

超新星爆発の光、地球上に届く。（一〇五六年四月六日、視界より消える。）日本・中国・アラビアで記録。アメリカ・アナサジ族、岩画に記録。『明月記』一二三〇年二月八日に、藤原定家「天喜二年（一〇五四年――引用者）四月中旬以後丑時、客星出觜参度、見東方、孛天関星、大如歳星」と書く。

超新星爆発の光を定家は見たわけではない。しかし二百年近くも後に、ただの事件としてよりは、時代の心性に響き合うように書き抜いている。世界の各地で、女も男も、星空には、心乱され、また、精神を紡ぎつづけた相を、現代の感性によっても、見得るのである。

歴史上の事態は、部分的一時的存在などにとどまるものではない。したがって、年表は多層マンダラへの最初の仕掛でもある。

関係史の諸相――『女と男の時空』のめざすもの

『女と男の時空』の執筆者たち（八十余名）が目指したものは、何よりも「関係史」であった。関係の存在学というものを、歴史のなかで追求すれば、関係の相（あるいは傾き）が浮かびあがってくる。

まず関係の諸相は、相生関係・相克関係・背反関係・双利関係・片利関係・片害関係・相互変成関係などとして現れる。

しかし、どの時代をとっても、関係が一義的である時代はなく、相生関係は必ず相克関係との二重性でもって存在する。

それでも傾きの作用は起る。時代が相生関係の内容を濃密にし、相生色が強力になれば、相克関係に反転する。この傾きが関係史の時代相をなす。『女と男の時空』の各巻が、「ヒメとヒコ」(原始・古代)「誕生」(古代から中世へ)「乱」(中世)「爛熟」(近世)「鬩《せめ》ぎ合い」(近代)「溶解」(現代)と、時代を集約した言表で括られたのは、時代のなかでの女と男の関係が傾きを持つからである。

「内発的発展」の渦

関係の傾きと回転の相を導き出すために、私たちは、監修者代表・鶴見和子氏の「内発的発展」をめぐる論理構造を使った。

まず事態が大きく回転するとき、渦の中心に置かれるのは、人であったり物であったりするが、外見からは、中心自体は強力な発現力を持つものではない場合が多い。

たとえば藤原道隆(九五三—九九五)の娘定子(九七七—一〇〇〇)と、藤原道長(九六六—一〇二七)の娘彰子(九八八—一〇七四)とをめぐる関係の渦である。定子や彰子を時代の強力なリーダーなどとはだれも思っていない。にもかかわらず、摂関政治の体制内部に展開される男たちの「王権争い」(実質上)の企画に組みこまれることによって、女房たちの文字表現の累積を生み出し、世界に誇り得る文学遺産となっていった。

ここでもういちど渦の様相を見てみよう。渦の中心は定子や彰子、誘引力は道隆や道長、激流をなしたものは、紫式部、和泉式部、清少納言、伊勢大輔、赤染衛門などの女房たちである。

この渦は、定子、彰子をめぐる渦だけにとどまらず、時代を超えて、規模を小さくしながら、つぎつぎに起こったものである。平徳子と建礼門院右京大夫との関係もこの種の渦の一部であった。

長期波動

渦を発生させる可能性は、それぞれの女房の個人としての才能によるだけではなく、特定の時空を超えた基層部分の醸成を必要とする。

この醸成の素材は、周知のように万葉集にすでに示されている。原始・古代では、女も男も「政治的人間」あるいは「武闘的人間」にとどまるわけにはいかなかった。歌づくりは、双方が、社会人として機能するための必要な条件であった。ここに、歌づくりをめぐる部厚い継承性が存在し、女と男の関係は、媒体としての歌なしには機能し得ないと思えるほどであった。『筑波風土記』をはじめ各地にみられる歌垣（地域によっては二十世紀初頭まで存在した）もまた継承性の層の厚さを示すものである。この事態は貴族層だけにとどまるものではなく、階層間の拡がりも無視できぬものである。（後白河上皇の今様狂いもその一例である）

この動向にまといついたのが、血縁同族をも解体しかねない「家」制度の兆しである。女たちの文学的才能は、家をめぐる男たちの片利願望の素材、利用可能な素質にむかって傾きはじめる。

「内発的発展」の論理は、切り口を変えれば、家をめぐる支配関係の変転として、見ることもできる。傾きは限りなく進み、もはや「家」のための女と男の文学的才能を、必要としないところにまで傾きつくす。この家に併走する女たちも、家刀自型の支配力を増殖させる女たちと、無力無産へとどこまでも後退していく女たちの両極に分解していく。

この分解の極みのなかで発生したのが、明治期家父長制の法制化であり、資本主義生産にともなった家事担当者の価値減退の組織化であった。

女と男の相生と相克の長期波動は、いま、明治家父長制を超えて、「溶解」（第六巻）の相へとむかっている。したがって『女と男の時空』が目的としたのは、渦の複雑性と長期波動を透視することであった。

〈補2〉「女と男の時空」その後

はじめに

『女と男の時空』（全六巻、藤原書店）発刊にあたって、私は、女性史の「常識」や「定説」を、疑ってみる必要を感じてつぎのように書いた。

〈女性史再考〉にとって、最初の難関は、一万年あるいは二万年を越える「歴史の流れ」のすべてが、女の周縁性を示しているのではなかろうかという疑いである。となれば、日ごろ「周縁的存在」と規定されている逃亡者・侵犯者・悪徳者・けがれ者・異端者・未熟者などの場所こそ、唯一女たちに残された場所ということになる。したがって、このような者たちが被差別者の位置を与えられているように、女たちもまた被差別者でなければならないとつづくのである。

これまで、多くの歴史家が女たちを周縁的存在＝差別可能態として記述してきた。しかし史料を深く読めば読むほど、女と男の時空は、回転をつづけ、周縁と中心は、交替劇を繰り返して静止することがないといった事態が見えはじめたのである。（以下

略）（第二巻より第六巻までに所収。第一巻は「総序」であるために文章を異にする）

この「交替劇」をめぐって、史料を歴史認識の方法に集中させ、洞察力を発揮し、記述してきたのが地域史である。

海から見た女たちの歴史

『光をかざす女たち』（福岡県女性史編纂委員会編、一九九三年）には、海と女たち・男たちとの関係が数多く書き込まれている。博多→福岡は、海に向って、開かれている土地である。当然のこととして、縄文期より現代まで「海の民」の素質（メビュウスの輪のように、栄光と悲惨とが表になったり裏になったりしているが）をたっぷりと持っていた。

『光をかざす女たち』のなかから、そのいくつかを列記すれば、「投銀《なげがね》証文にみえる女房」「長福院の投銀」「福岡藩幕末の新事業と女性」（武野要子論文）「浦方《うらかた》の女たち」（尾道博論文）、「ゆがめられた性」（森崎和江論文）「性の開放と混乱」（篠崎正美論文）「女沖仲仕」（林えいだい論文）「男まさりの女沖仲仕たち」（川向秀武論文）これらの論文の数々は、いずれもすくなくとも五百枚の原稿を持って論述されるべき主題であり、「日本女性史再考」のために欠くことができぬものである。たとえば、幕藩体制のもとの女性たちにたいして、「女には経営権がなかった」とする歴史家が多いなかにあって、武野要子氏は、女の経営権をめぐって、その実在を示し続けている。

しかし、『女と男の時空』では、紙面の都合もあって、『光をかざす女たち』のなかから、展開・再論述できたのは、森崎和江論文だけであった。まことに心残ることであり、「海からの女性史」として、やがて、人びとの心情を大海に飛翔させ、海を生命と社会意識の双方にむけて凝視させるための導火線となるような歴史書が生まれることを待ちつづけたい。

森崎論文は、『女と男の時空』では「セクシュアリティの歴史」(第五巻所収)として展開された。この論文と『光をかざす女たち』所収の論文双方に見られる特質は、一面的に女たちにむけられた性暴力と、女たちの悲惨だけに終始しているのではない記述法である。福岡県が「買春王国」の震源地であり、男たちの「買春文化」の許容地であればあるだけ、「廃娼」をめぐって女たち男たちも負けてはいない。

さらに海外に売られた娘たちが発揮する「闇の力」も新聞記者たちを媒介として、福岡の地に伝えられた。

たとえば、「娼婦」として、大連に連れ出され、脳梅毒におかされた、博多御供所町出身の娘が、「せめて空とぶ鳥なれば、ちかい博多に巣をかけて」とつぶやき歌うさまを、新聞記者は、報じている。

この「闇の力」（闇・暗黒・奈落と思われる場所、事態を内部から動かす力が働くのは、自然界・人間界を問わず、つねに存在している）と、現象の多面性（方向の両極作用も含む）のダイナミズムは、森崎論文が、男女関係史にむけた、メッセージであった。

地域史が示す仮説群――族内婚と桂女

A 族制・婚制をめぐって――発生過程と変化過程を問うことの難関

多くの歴史書で、人の一族は、はじめは族内婚を中心として結果を固めたと考えられて来た。手近な人と結婚する、それが当然というわけである。実証をともなっているわけではない。「未開」「未発達」ならば、人の精神は「族外」にむかって開かれてはいない、と思い込まれたふしがある。一族内の結束をかためるためにも族内婚（初期の王族・あるいは古代天皇家のように七二九〈天平一〉年光明子を聖武天皇の皇后としたときも、光明子が藤原不比等の三女であったために、物議をかもした。皇后は天皇の死後、仲天皇《なかちすめらみこと》となる可能性を持っていたため、近親結婚が相ついだ）でなければならない、となっていたのである。どの氏族にも相似た規制があって、これは、族員ことごとくに波及していた、と考えられて来た。

勝手な思い込みで現実を推測することの愚を気付かされた事態は、意外にも、動物生態学の側から、あらわれた。人類にとって、「族内婚は族外婚に先行した婚制である」とは、言えなくなったのである。

河合雅雄の諸著書（動物生態学、人類学にわたるものが多い。サル社会については、多くの著書のなかに書かれているが、ＮＨＫ人間大学のテキスト『サルからヒトへの進化』が、集約された形で展開されていると考えることができる）について、私は、『女と男の時空』第一巻「ヒメとヒコの時代」につぎのように書いた。

――サル社会のオイキア（種社会を構成する社会的単位――二百種いるから二百種の種社会があるとされる）が示されている。この分類は、（１）単独社会（シングル型）（２）ペア型社会（一夫一妻型）（３）単雄群社会（一夫多妻型）（４）複雄群社会（乱婚型）（５）重層社会（６）単雌複雄（一妻多夫）社会となる。問題なのは、ヒト社会が立上って来たとき、（1）から（6）までのどの型が脱ぎ棄てられるかにある。

サル社会もまた系譜観念があるかどうかは別として、家系が発生する。オイキアから雄が離脱する母系社会ばかりではなく、雌が離脱する父系社会もある。また雄も雌も離脱する双系社会もある。（後略）

日本（いつから日本かといった問題もあって、律令体制から〈大宝律令は七〇一年、それ以前に、浄御原令は六九〇年〉ぐらいであろうといわれていて、古代で日本といった名称は使い難い。また海の民などには、「日本人」といった認識はなかった。しかし、混乱をさけるために本稿では日本としておく）では、いまのところ族外婚だけが考古学資料によって、実証されはじめている。したがって族内婚は、階層分化が進み、王権が確立した後に、王権維持のために、導入された婚制であるとも考えられる。

サルとヒトを混同するわけにはいかないが、すでにサルの段階で、族外型が発生しているならば、ヒトの場合、「自然の理として、族制は、族内婚にはじまる」とはいい難いのである。

つぎに、日本人の源流は、北方系・南方系・大陸系・大洋系などすくなくとも七つ流れを考えておかねばならないので、族制婚制は、古代において、母系であったとか、父系であったとか断定するわけにはいかない。

　これを調べるためには、夫方と妻方のいずれの先祖が先に消えているかを調べねばならないが、これも一様ではない。いずれかいっぽうに「発展形態」を求めようとすれば、かならず、反例にぶつかる。この反例を、ただの「異例のこと」とすることが可能なのかどうかを実証するには、史料はまことに乏しい状態である。

　また〈夫方居住婚〉だから父系、〈妻型居住婚〉だから母系ともならない。民族によっては、母系で夫方居住もあれば、父系で妻方居住もある。日本の場合は文献資料などから後者に重点がおかれているが、いずれも、母系から父系への移行期、あるいは父系から母系への移行期に、形をなした族制とするわけにはいかない。反証可能性は、すでに、動物生態学のほうからつきつけられている。

　この問題を解くには、日本の古代を「多層社会」と考えておいて、「法制史」が引き起す強制と、法的規制に対する反撥の様相を考えていくしかない。そのためには、『女と男の時空』に列記だけしておいて、全六巻を通じて展開不充分であった範疇を、再度列記したい。いずれのカテゴリーも「地域史」からの発信によらなければ、展開可能な場を持つことはできないのである。

（1）婚姻交換（女性あるいは男性の流通）（2）親族社会（3）親和性（4）インセスト・タブー（5）外婚の強制（6）共同性（7）自己と他者（8）誇示的消費（9）象徴的消費（10）生活世界（11）権力に服従する主体（12）儀礼的実践（13）詩的想像力（14）死の欲動（15）転移と逆転移（16）暴力（17）攻撃性（18）自律性（19）集合的無意識（20）非在の現前（21）同意（22）正当化（23）物神性（24）疎外（25）野生の存在（26）共同主観性（27）共同幻想（28）相互浸透性（29）身体性（30）非連続性（31）平衡状態（32）言表行為（33）贈与交換（ポトラッチ）（34）社会的役割の形成（35）異化作用

これらのカテゴリーは、歴史学的方法・民俗学的方法だけでは、つきとめることも記述することも不可能に近い。女性史・女性学の全領域が、根茎のように、他の学問とからみ合いながら、参集を果すことによって、立体像に近づくものとなるであろう。

りではない。

B　桂女《かつらめ》の加速と失速

「桂女についての観相術は、天皇制の認識につながる」と私は、いまのところ考えている。そのためには、男女の職業をめぐって静止画像を描くことから離れる必要があった。歴史上の現象としては、微細とも思える桂女の起因は、「魚売り」にあった。ただの魚売りではない。

小倉藩の歴史を書いた『御当家末書』（享和三年―一八〇三成立）には桂女についての記述がある。桂女は山城国萬野郡桂里《かつらのさと》に住み独自の風俗を伝承した巫女《みこ》の一群で、その源は神功皇后の朝鮮半島出兵に従軍して戦勝祈願を掌《つかさど》ったことに発しているという伝承がある。出陣・帰陣・入部。家督・年始・誕生など、すべて大切な首途《かどで》のときに勤めてきた女系相続の家である。徳川家の庇護も受け、幕府には毎年拝謁に出向していた。小倉藩主小笠原家と桂女の関係は、南北朝時代に信州で大きく勢力をのばした小笠原貞宗の時期、後醍醐天皇から下され、以後代々小笠原家に仕えてきたと言われている。

（「小倉藩の女系家族・桂女《かつらめ》について」米津三郎論文、

『光をかざす女たち』福岡県女性史編纂委員会、所収）

「後醍醐天皇から下され」の一行には、後醍醐天皇（在位一三一八―一三三九年、ただし末期は南朝）の時期、すでに、天皇家にきわめて近い場にいたことが示されている。「下され」たのは、遊女としてであろうか巫女としてであろうか。謎をふくんだ一行である。

この一行にむかっては、後白河上皇（天皇在位一一五五―一一五八年。上皇一一五八―一一九二年）から後醍醐天皇をつなぐ、縁（有縁人であれ、無縁人であれ）というものが考えられる。あたかも地下水脈のような縁である。

桂女がもと「魚売り」であったことは、『女と男の時空』にも書かれている。

一三〇六（嘉元四）年九月の「蔵人所牒」（「京都大学文学部国史学研究室所蔵文書」）に「四宇供御人は皆女商人なり」とあり、生魚商人は一般的に女商人であったと考えられる。（「女商人の活動と女性の地位」鈴木敦子論文、『女と男の時空』〈以下『時空』と略記〉第三巻所収）

桂女は、桂川、宇治川などを鵜場（鵜を使って鮎を取る権利を保証された場所）とする鵜飼の女性で、鮎売りの商人である。この桂川の鵜飼は、朝廷の御厨子所《みずしところ》に所属し、鮎を贄として貢進して桂供御人《くごにん》と呼ばれ、その本拠地は桂御厨といわれた。しかし室町時代には桂女は、鮎売りの商人というよりは、巫女的な性格を持つ遊女として知られるようになり、畿内周辺の権門を遍歴して歩いた。

（「中世の旅をする女性」細川涼一論文、『時空』第三巻所収）

女の魚売りたちが交易の旅をはじめる。ここで遊女化が起ったのか巫女化が起ったのかは、いまだ結論を得ぬままに流動的である。多くの歴史書は、巫女の遊女化のほうに重点を措いている。まず、生活者の意識界から、神を遠ざけるといった事態が、人びとの共同の意識界に浮上して、巫女たちは、旅を開始して、「歩き巫女」や「勧進比丘尼」となった。歩けば女は、時として遊女化するというわけである。しかし逆に、遊芸の女旅人（遊女、傀儡子、白拍子など）が、「もとは巫女であった」といい立てて、しだいに本物の巫女となったという説もある。

遊女と天皇家の関係は深い。たとえば後白河上皇である。後白河上皇は、『梁塵秘抄口伝集』（一一六九年）『梁塵秘抄』（一一七九年）を編集して出した（各々・全十巻）。今様を集大成したものである。この今様の作者・伝承たちは、遊女・巫女・海人・聖《ひじり》・祝《はふり》などを含む百《ひゃく》姓《せい》（農民だけを指す語ではない）たちであった。後白河上皇は、これら百姓たちを院に出入りさせ、「声の出るまで歌ひ出したりき」「声をわること三度なり」「昼はうたはぬ時もありしかど、よるは哥《うた》を歌ひ明さぬ夜はなかりき」（『口伝集巻第十』岩波文庫、佐佐木信綱校訂版、一九四一年）といった交流を経た後の編纂であった。

遊女たちが蔑視されていたか否かはここでは問題ではない。買売春・人身売買、擬制血縁集団の裏面の事態と、雅楽寮などの公的な機関と関わりを持った「職人」身分といった表面の事態（前掲、細川涼一論文参照）とが、個体にも浸透して、それぞれの個人を経験によって、分類するわけにはいかぬような両義性のもとにあったであろう。しかし天皇家とかかわりを持った遊女たちは、歩きによって、日本の裏面史にかかわる、ネットワークに参入したことは考えられることである。

桂女が「鮎売りの女商人というよりは、巫女的な性格をもった遊女」（前掲、細川涼一論文）として、「後醍醐天皇から下され」たと見るべきであろう。後醍醐天皇といえば、楠木正成などの悪党（非農民的散所《さんじょ》の長者で、武装集団を束ねていた。職業は多様、行動域は広汎）と連絡を保っていたとされてきた。裏面史としてのネットワークの構成図を描く力は私にはないが、「遊女化した巫女」としての桂女もまた、その一要因であったと思われる。

藩政期の差異化過程

歩き巫女としての桂女が再浮上するのは、戦国期と、それにつづく藩政期である。桂女の処遇は、武将によって異なり、「陣中女郎」であったり、軍の祭司であったり、儀式の執行者であったりした。この三様の処遇は、同一武将のもとでも、複合していて、時としては、出陣の折の供犠の素材として、血祭りにあげられたりもした。

桂女の側も、「歩き」にまつわる不安定さを超えるために、神話からの借用が次第に加速し、ついに、神功皇后にまで到りつき、神道系神社とも関わりを持ちはじめる。（「〈家〉の成立と中世神話」脇田晴子論文、『ジェンダーの日本史　上』に所収、東大出版会、一九九四年、参照）

桂女をめぐる場は、なにがしかの複雑性のなかにある。時空の局面ごとの形態は、地域史の担い手たちによって、固い事実に到りつく、ここではじめて理論の構築が可能となる。定義をめぐる（あるいは解放度をめぐる）線引ばかりに熱意を持ってはおれない。

『光をかざす女たち』の米津三郎論文は、線引きへの熱意に加担するよりは、小倉・小笠原藩内での処遇の変容を呈示することによって、時代の相と、桂女の関連を示している。

要約すれば――

宝永四（一七〇七）年、藩主小倉城入りを桂女先導する。宝暦二（一七五二）の四代目忠総《ただふさ》就任の折も同様である。

桂女登場の折には、必ず大手門から出入り（藩主とその家族、家老、英彦山座主、求菩提《くぼて》座主などのみが、大手門から出入り）家老以外のものは裏側の通用門からのみ出入りを許された。

徳（桂女・小笠原長時・貞慶・秀政・忠真に仕え、知行高二百石――信州時代――明石時代は百石に減、寛永年間に隠居、一六四二年死去、九十歳）

娘春相続（知行取りではなく、切米取りとなる、十五石四人扶持、一六四七年死去、五十四歳）

春の娘亀相続（はじめ十石銀五枚四人扶持、一六八九年加増、二十石四人扶持以後代々の家禄となって受けつがれる。一七〇三年隠居、一七〇五年死去七十四歳）

その次女吉相続（一七二三年隠居、一七二四年死去四十八歳）

その娘房相続（一七二九年隠居、独身、母の姉の子婦喜に相続させる。婦喜一七九〇年死去七十八

歳）

幕末分限帳に「かつら　弐拾石」（一八六二年）とあり、俸禄を受ける女系家族であったことが示される。

――女性の自立が皆無に等しい江戸時代の社会において、いわば呪術的な役割を持って勤仕する前時代的なものであったにせよ、藩主から俸禄を給される女系家族があったことは珍しいことである。（奥向きに勤仕する女性たちにも俸禄・扶持・銀は給せられるが、それは勤仕奉公する期間だけの役料支給であり、家として相続の対象になるものではない。）

（米津三郎論文、前掲書）

桂女の処遇をめぐる小倉藩の例は、藩政期を通じて、全国唯ひとつの例外であるか、否かは、各地域の女性史の研究を待つしかない。

ここで、なにがしかの設問はいまのところ、つぎのように列記してみるしかない。

①戦国期、武将たちが競って採用した桂女は、戦闘において、女たちの呪術性を取りこむことにあったか否か。担い手である女たちは、神女役割と血祭り素材の双面性のもとに

あった。

②神女役割を重視した藩では、藩の序列のなかに位置付けた。ここでは作法伝授に傾斜した。したがって、神女の呪術性については、むしろ期待されなくなった。

この二点についてだけでも、『時空』では、継続して追求することができなかった。時空を輪切りにすることの困難さは、「桂女」の「差異化過程」にも残されている。

「聞き書き」の衝迫とアポリア

聞き書きには、まず、文章表現と音声言語表現との隙間を、文章表現によって超えねばならぬといった課題がある。ついで、音声言語表現が発せられた場の多層性を、聞き手は聞く耳を持っているのかといった設問に直面している。ここでは、後者の検討からはじめたい。

「ボーヴォワール（シモーヌ・ド・ボーヴォワール、一九〇八—一九八六年。一九四九年『第二の性』を発表して、世界的な反響を呼んだ。一九五二年の日本語訳にたいして、女性たちのなかから、男性固有の曲解と誤解が訳文に含まれているとして、女による新訳が、一九九七年に出版された。森崎和江氏は、一九六六年九月、サルトルと共に来日したボーヴォワールと数時間語りあった。当時、八幡製鉄所の孫請に働きはじめた炭鉱の女たちとの座談を企画するためでもあった。この座談は、ボーヴォワールの希望によるものである）は、文章表現によって立つ者は、女労働者の精神の内域には立ち入れないとおっしゃいましたが、私にとって炭鉱の女たちとの対峙法は受感域の拡大と女たちの表現の多岐性にどこまで接近できるかを試すことであるといった意のことを、「ふくおか国際女性フォーラム98」のシンポジュウム（十月二日）で発言された。ここでいう表現の多岐性とは、森崎和江とともに事態にふれて涙を流す夫の存在に「よかな、いっしょに泣いてくれる人のおらす」と語る炭鉱女たちの深刻な欠如感であったり、刀を振りまわして、文章表現者に抗議する坑夫（九州の炭鉱地帯には「唐津下罪人のすら曳く姿、江戸の絵描きも、かきゃきらん」といった歌が伝えられていた）たちであったりする。文章表現はこれらすべてを受身の状態で感じとって、行けるところまで行くしかない。

比較的おとなしく、静かにパネリストたち（ジョーン・W・スコット、ガヤトリ・C・スピヴァック、ジュヌヴィエーヴ・フレス、脇田晴子、森崎和江の五氏）の論説を聞いていた聴衆は、森崎氏の発言にふれて、やんややんやの拍手喝采を送った。

「壇上から見渡すと、出席者たちがはっきり二分されていたの。理論構築型と生活実感派と。パネリストたちは、理論構築型へと傾いて行きっぱなしでしょう。ここで生活実感派を放置してなるものかと、ボーヴォワールとの出会いの話から入ったの」と、森崎氏は後日、私への電話で話された。

この理論構築派と、生活実感派との差異領域は近年、いっそう拡大しているように見える。双方の差異が一つの極点に達すれば、相互に交流不可能をいいたてるだけになるであろう。

いまのところ、ジェンダー論の理論構築派には、三層にわたる展開が試みられている。その一つは、社会的存在としての女たちを、世界市場理論のなかで位置づけ、法と政治による歪みの形態を追求するもの。その二は、精神分析学の手法を主として使い、性差についてこれまでの男によって構築された理論に訂正をせまるもの。これには生物学・遺伝学の新領域の開示もふくまれている。自然学的手法を使って女たちをしめつけてきた決定論からの脱出といえるものである。その三は、ヴァナキュラーな場における共同の無意識界を表現しようとするものである。この三領域それぞれの深層に音声言語表現があり、さらに深い場に生活の実感がある。

この種の深層構造があるからこそ人は、社会の全機構の人員配置を人体に比定して、脳を生活者に、心臓・肺などの内臓器官を各学問分野の専門家におく。

「聞き書き」の困難さは、語り手の音声言語表現を三領域のすべてにわたって、聞き取ることを聞き手に強いるところにある。安易に、設定された設問の場だけに限るわけにはいかないわけである。

加えて、個人的体験は、音声言語によって表現されるとき、記憶のなかで増幅し、倍加される傾向を持っている。しかし増幅をうながすものは何であるかを推測する力を聞き手は持たねばならぬと、脇田晴子氏は語られた（十月三日、ワークショップで）。

個人的体験と社会的体験の間には、時として余白が存在する。この余白には、矛盾原理によってせめぎ合うものがある。複雑性が発揮されるのはこの種の場においてであろう。余白に、混乱の極みを示して出入するのは、この世の成り立ちの中心部分に、なにがしかの作用を及ぼしたいといった人の内部の願望であろう。この願望によって、人は、個人的な体験を、一面的な同情から逃れさせることができる。

人は、「私の人生暗かった」と語りはしても、聞き手が「あなたの人生暗かった」などといおうものなら、怒りはしないまでも、ひどい異和感を持ってしまうものである。これは意識しようがしまいが、この世の周縁を住み処とするように外圧によって置かれた人びとの、中心突破の意志なのである。

「聞き書き」のなかに含まれる困難さも、この中心突破の意志を、どのようにして文章表現に持っていくかにある。「書きゃきらん」といわれてばかりはおれないのである。

語りと文章表現のすき間

表現者を悩ますのは、「語り」はそのまま文章にならないということである。語りから語りへとつなぐならば、お互い心に響きあうものが、語りから文章へ、文章から語りへとなると、響き合いの場は他にずれてしまう。しかも、各地のヴァナキュラーな場には、個体の記憶を超えた語りの文化の分厚い積み重ねがある。

すでに太安万侶は、『古事記』（七一二年成立）序文でこの点にふれていう。

——上古の時、言意《ことばこころ》並びに朴《すなお》にして、文を敷き句を構ふること、字におきてすなはち難《かた》し。已《すで》に訓によりて述べたるは、詞《ことば》心に逮《およ》ばず、全《また》く音をもちて連ねたるは、事の趣更に長し。

（倉野憲司校注、岩波文庫、一九六九年版）

しかし、西郷信綱は、太安万侶が、どこまで、稗田阿礼の「語り」に接近することができたかについて、太（多）氏の始祖説話を追究し、稗田阿礼とを結ぶ歴史の環があることを示している。平安朝にいたっても、多氏は雅楽の家であった。従って、阿礼とは近いあたりにあった。しかも漢学の才能に加えて、阿礼の「誦」（『古事記』に豊富にふくまれる歌謡は、ただの暗誦ではなく、阿礼一族の神女性によって創出されたものである。現代でも、短歌・俳句についていては、歌を創るとはいわずに、歌をよむ俳句をよむといい、歌人をうたよみというではないかといった立場を、西郷信綱はとっている）を理解する能力と古伝承を熟知していることが要求された。その能力を太安万侶は持っていたとしている。（『古事記研究』未来社、一九九三年版参照）

——安万侶は人類学者や民族学者のように阿礼の「誦」を書き取ろうなどとしたわけではない。（中略）安万侶は、人類学者風でなかったと同様、文献学者風でもなかったと思う。序に見るごとく、それを独自に意識しつつ、安万侶が変体漢文体を撰ばざるをえなかったのは、既存の記録もさることながら、やはり阿礼の「誦」との緊張関係にもとづくものがあったであろう。だがそれにしても、過去の伝承がとにかくこうして文学に移されたことは、厳密には神話の死を意味する。

（西郷信綱『古事記注釈』第一巻、平凡社、一九九〇年）

ここに示されている「神話の死」は、神話を「歴史学の言語」に移し変えようとするとき、いっそう加速する。おなじことは、「聞き書き」についてもいえる。聞き手は、多くの場合、語り手の存在の「社会学的・歴史学的基盤」について、予備知識を持ちすぎている。これらの知識は新聞・雑誌・視聴覚メディア、数多くの研究書、文献などの累積からくる場合が多い。したがって、「無意味なおしゃべり」と思われる領域は、しばしば文章表現の外に押しやられる。ここには、太安万侶が阿礼に対して抱きつづけた「緊張関係」ほどのものもなくなっている。

累積されたメディアの力は、生活者たちが住む多層世界（個人の家屋と風景から、職場さらに街頭、さまざまな交通機関と商店にいたるまで、時には医院の待合室や病院、学校宗教的建造物など）のなかの極少部分だけを浮き出す。

極少部分からすこしでも浮上するための聞き手の側の試みは、時として、もつれ込んでいる多層世界の複雑性のために、どこかで編集力を働かせざるを得なくなる。たとえば自ら「平凡」と思っている人の一日の行動のすべてを、関係という関係の諸相として書きあらわすことは、至難のわざである。たとえば、人の起床時についても、動作から外界の状況、心象、同居している人びととのかかわりにいたるまで、毎日同じであるかどうか、検討してみればわかることである。ともすれば「平凡」な日常に累積し、もつれあっている「関係」の糸は、「雑事」として、ひとかたまりに押しやって、「特異」なものだけが記憶を形成して、「聞き書き」の構成要素となりかねない。

この種の場では、聞くことによる自己の変成も、語ることによる自己の変成も、起りようがない。

このように、両者をそれぞれの側に、固化させようとする力（メディアの力であったり、学問の力であったりする）を超える方策はあるのかを、多くの聞き書きの担い手たちが問いつづけてはいる。しかし「聞き書き」の方法を問い直した記述や、言説を書き留めることは、あまりこれまでなされてこなかった。『時空』に編み込まれた聞き書きも然りである。

欺きのこだま

――山と言ってごらんなさい。するとこだまは、峻厳さ、厳しさ、後れた生活、まばらな人口と答える。平野と言ってごらんなさい。するとこだまは、豊穣、容易、豊かさ、甘美な暮しと答える。現在我々の置かれている時代に、地中海諸国が問題であるときに、こだまは、呼び掛けに耳を傾ける者を欺く可能性に満ちている。

（F・ブローデル『地中海Ｉ　環境の役割』浜名優美訳、藤原書店、一九九一年）

こだまは欺く。歴史学もまた、この欺きへの加担ではなかろうか、と多くの人びとが思っている。事態は個体の内部でも多層であり、変化にみちている。さらに、この世での関係という関係の網のなかにあっては、存在の多様性は限りない。その場所に歴史学は、モデル化と類別の網を被せにやってくる。この度合いは、テレヴィジョンに登場しつづけるニュース・ショーの「解説」やコメントの状況がなにがしかの「人間学風景考」を示してくれる。

多くが「欺く可能性」を持ったこだまなのである。

この種のこだまに加担してはいないだろうか、といった内心の懐疑に、人を対象とする学問はつねにさらされている。歴史学もまた例外ではない。

人の生きる場をめぐって、個性化の深みに達しようとするのは、文学においてであるが、だからといって、歴史学と文学が、それぞれの洞察力でもって、時空を相互補完的に表現して来たわけではない。にもかかわらず、歴史学に対する批判は、常にある。


「――きみは何か勉強をしてみたいとは思いませんか？　――たとえば、歴史なんか」

「ときどき、歴史のことなら、わたしがこれまで知っている以上に何も知りたくないって気がしますの」

「どうして？」

「だって、自分が長い列のなかのただ一人にすぎないってことを知ったところで――何かの古い本のなかに誰かわたしそっくりの人のことが書いてあるのを見つけて、あたしもこの人とおなじ役をするにすぎないだということを知ったところで、何の役に立つんでしょう？　ただ、悲しくなるだけのことですわ。自分の性質も、自分が過去にしたことも、何千何万の人のとそっくりだとか、将来の生活や行為《おこない》も、何千何万の人のと似たものだろうかということを思い出さないのが一番ですわ」


（T・ハーディ『テス』井上宗次・石田英二訳、岩波文庫、一九六〇年）

この一節は、テスの「恋人」（後の）エンジェル・クレアに、何かを勉強してみないかと誘われ、「たとえば、歴史なんか」といわれたことに関わるテス自身の意志の表明である。周知のように『テス』は、偶然の事故のように見える事態が、より悪化した次の事態を生み、不幸にまみれていく展開をとっている。

引用部分は、テス自身というよりは、作者トマス・ハーディの歴史記述に関わる思想と見るほうが妥当であろう。

「歴史」を学ぶことは、個体にとっては、なかでも「不幸」な個体にとっては、「ただ、悲しくなるだけのこと」として反撥を呼ぶものである。

これはまたブローデルのいうところの欺きの「共通性」でもある。すでに現代、人びとは、過剰ともいえる多様性のなかにいる。従って、自己の存在の形態を他者が分類したり規定したりすれば、標本として干しあげられ、箱の中に、ピンでとめて整理されたようないやな気分になる。

半分語れば嘘に通じる

この事態は、『女と男の時空』でも、現代篇の書き手たちを不安にさらしつづけたものである。書き手たちは、「週刊誌のようである」と評価されることを、最も恐れた。すべての週刊誌に共通の現象ではないが、週刊誌が示すドキュメントは、人間の尊厳よりは、むしろ人間の暗愚の側に傾きかねないものである。噂話の語り手に見られるような、無責任・被表現者にたいする自己との有機的交流の遮断、非合理きわまりない先入観、などなどがあふれている。

歴史記述がこの種のモデルに落ちては困るのである。この時はすでに、歴史は記述されるよりも、ただのゴシップに変貌する。

現代篇に限らず、すべての時代を通じて、同様のことがいえる。たとえば、美女の我儘、愛欲の横溢、権力者の暴虐、貧者の物欲などいかにも事実らしく書かれていても、心性の多義性からは程遠いものとなる。

悪意によるバイヤスをかけなくても、中途半端な「事実構成」をおこなえば、「事実」とは、似てはいるが非である場を展開し波及させてしまう。

文化人類学者マーガレッド・ミードは、一九二五年から三九年まで現地部族の中で暮し、調査し研究した七つの南太平洋の種族について論文を仕上げていて「肉体のありかた」、精神の構造、社会のシステム、男女の関係とそれぞれが提起する問題などが主筋を構成している。つぎに紹介する一節は現代日本でも、マス・メディアなどによって、歪められた像を描きかねない部分である。メディア、なかでもテレビのドキュメント番組は、事実を半分だけ映像で示すことによって、「日本の女たちよ、権利をいうならば、働け」とコメントを加えたのである。これを例示してみよう。

ユアット川（ニューギニア――引用者）**の食人種、ムンドグモ族**

このがっちりした、手におえない種族は、流れの速い川の堤に住んでいるが、川と関係ある伝承をもっていない。彼らはより貧しい土地に住んでいる、あわれな食うや食わずの森林地帯の種族と商売をし、彼らをえさにしている。そして喧嘩と首狩りに時をすごし、だれでもみなその手を、他人に刃向うために使うものとする社会制度の型を発展させてしまった。女たちは男たちにおとらず自己主張が強く、強じんである。彼女たちは子どもを生んだり育てたりすることをひどくきらい、食糧はたいてい彼女らが供給するので、男たちは自由に陰謀したり、戦ったりして暮している。

（M・ミード『男性と女性』田中寿美子・加藤秀俊訳、東京創元社、一九六一年）

ドキュメントの映像からは、「川と関係ある伝承」、女たちの出産と子育て嫌い、男たちの陰謀と戦争、などが抜け落ちていた。ドキュメントは、偽りの映像を上映したわけではない。半分近くの事実を抜き去ることによって、「女たちはよく働いて、男たちを養う」といった像を創り出したのである。さらに女たちが働きすぎれば、子育てを嫌い、男たちは、周辺の部族に攻撃をしかけ、首狩りをするといった事態の展開を見えなくしている。

ここで、ドキュメント作者たちが、半分語りの効果を意図したものであるか否かを判定することなどは、できない。

加えて、自在であって、果敢にランダムな生を求めている現代の女たちは、このドキュメントによって「働く女」の欺きのこだまに獲えられる程愚鈍でもないであろう。

現代、複雑に入り込み、この複雑性が溢れこぼれかねない日本の社会のなかでは、ここに引用したムンドグモ族のパターンは、放置すれば大嵐となる渦の起点となりかねぬものであるが、復元力をうしなってしまう渦ではない。この事態は日本の十五年戦争期の狂乱とその後の復元力の展開にも通底する。

しかし、マーガレット・ミードの記述からは、歴史学的方法と文化人類学的方法との差異をうかがうことができる。

歴史学ならば、可能なかぎり、この部族の「性向」の形成過程を究明しなければならないであろう。現代の事態は過去に連続する時空のなかにある。首狩り族となった特異点がどこにあったかを知ることができなければ、「研究いまだ半ばなり」といった思いをぬぐい去ることができない。

首狩り行為と流れの速い川は無縁なのかどうかをめぐって、太平洋諸島の自然と環境の比較も必要になる。「川は要因たり得るか、また、流れがはやい川は、幾種の質的差異を持った、集団のモデルを派生させるか」と私たちの設問はつづく。

一九二五年から一九三九年までのミードの調査では、さまざまな部族が、相接しながら「共生」している様相が浮きあがってくる。双利共生ばかりではない。片利共生あり、片害共生あり、寄生までもある。棲みわけを求めて必死になっている部族もある。

たとえば山岳地帯に住むアラペシ族である。この部族は、食糧が充分であったことがない。にもかかわらず、男も女も、子どもから豚さらにココ椰子の木にいたるまで、育てることが大好きで、おまけに隣人を助けることに、自らの時間の大部分をささげ、ムンドグモ族のような荒びた種族になかにいる魔術師を金で買い除けようと苦心し、また、ファッションやダンスのステップも、海岸地帯の部族から金で買おうとし苦心している。その上この資質は滅びに至る美学だと自分たちでも思っている。

ミードは、この部族の地域に入ることで、男たちと女たちが、双利共生のための必死の努力を維持していく状況に精神分析の方法を使って深入りしている。

ここでまた歴史学の方法では、「金で買う」ことの時空の経過を追いたくなるのである。いっぽう「首狩り族」の心性に達することができた歴史記述は稀である。フィクションでならば、ノーマン・メルヴィルの『白鯨』のなかのクィークエグの造形があるが、メルヴィルの洞察力が、「事実」以上に事実である現実世界を構成することになったかは、文芸作品と歴史上の事実との相互作用の面から考えて行きたいことである。

律令制の崩壊と平安女流文学

――創造。善はこまぎれになって悪のなかに散在している。

（S・ヴェイユ『重力と恩寵』渡辺義愛訳、春秋社。『シモーヌ・ヴェイユ著作集』Ⅲ所収、一九六八年）

歴史には、一方向の決定論的変化よりはむしろ、奇態と思われるようなきっかけが、時空のなかで拡大増幅して、大河のような流れを作ってしまうことがある。

ひとつは律令体制の崩壊期にあらわれた摂関政治によって励起された女流文学の部厚さと、源平争乱期から鎌倉・南北朝期にかけて、武門にみられる刀自型女性の出現である。刀自型女性の出現と意識界への定着については、次回にゆずることにして、本節では、受領功過定が生み出した歪みとその増幅について考えておきたい。

律令体制は、見かけ上は家父長制と男権中心観を移植（たぶん唐の制度より）してはいたが、根づきは弱く、熟することもなかった。早々とゆりもどし、あるいは非連続事態をむかえる。「方《まさ》に今、百姓《おおみたから》猶乏し。而るを勢有る者は、水陸《たはたけ》を分け割、私の地とし、百姓に売り与へて、年《としごと》に其の価を索《こ》ふ。今より以後、地売ることを得じ、妄《みだり》に主と作りて、劣く弱きを兼ね併すこと勿とのたまふ。百姓、大きに悦ぶ。」（『日本書紀』日本古典文学大系68、岩波書店、一九七一年）として、大化二（六四六）年には「公地公民の制」を宣言し、六五二年には班田《あがちだ》収授完了し、五〇戸を里とし、五戸を保とした。（男に二段《たん》、女にはその三分の二。六年に一度、班田収授はおこなうこと）

しかし、当時の中央政権の力をもってしては班田の浸透度は極めて低い。豪族（大化の詔で非難された）に替って、貴族層の蓄財が進んでいった。（長屋王家の所有地は屋敷跡から発見された木簡によっても、令の規定に合わない程広大であったことがわかる）

九世紀に入ると、律令制の末期状況はしだいに露呈されはじめた。平安期の受領層の動きは、その一例である。

> **受領功過定**　九世紀末年解由《げゆ》（解由状のこと。受領などの役人交替のとき、後任者から租税の滞納などがないか否かを証明する文書。前任者は解由状を太政官に提出する義務がある。解由状がない場合は処罰を受ける――引用者）を得られない受領は五〇人に達し、旱疫災の頻発は税の減収をもたらした。九一四年忠平は三善清行の受領保護的な「意見封事」を退け、解由を得た受領の成績査定を始める。その結果は治国・加階・除目に結びつき、受領推挙権を持つ公卿への金品献納や後には有能な女子の女房出仕が盛んになる。（傍点引用者）
>
> （『年表・女と男の日本史』藤原書店、一九九八年）

受領功過定がはじまったのは九一五年である。この受領層をめぐる混乱が、女房層の文学的才能の部厚さとなり、平安女流文学の華麗な渦の起因のひとつともなった。まことに因果の妙である。

平安の頃は、受領層の官位をめぐる贈賄行為だけではなく、いっぽうでは、国家の財源が不足すれば、「成功《じょうごう》」といった売官売位などもおこなわれていた。前掲『年表』にも、「九八九年成功で国司の重任《ちょうにん》始まる」とあり、中央政権もまた、公然と国司の職を売りに出していたのである。

さらに他方では、受領層は、娘たちの才能と知識に頼って、自らの地位を確保しようとした。

娘たちを、中宮、女御などの女房として出仕させるには、娘たちが、詩・画・文・音曲などの才能の映えを示していなければならない。この頃の女房たちは、中宮・女御などの教育を担っていた。紫式部もまた藤原彰子（一條天皇中宮、のちの上東門院）に『白氏文集』などを講義している。

受領層たちが、娘たちの才能を女の色香より上においたのは、いっぽうには、女たちに『万葉集』の頃から次第に定着していた「文学表現」の習慣があり、他方には藤原氏内部の外戚争いがあって、貴族層の娘たちを入内させた場合、文章博士の文学指導などでは間に合わない事情があった。女房として文人たちをそば近くにおいて、女たちの文学サロンの厚みを示しておく必要もあった。藤原彰子もまた父道長の権力と財力をもとにして、女房として、和泉式部・伊勢大輔・紫式部・赤染衛門たちを出仕させていた。

平安期の女たちのなかには、漢詩人もいれば、歌人も文人もいた。たとえば、勅選漢詩集のなかにも女の漢詩もいくつかあって、最も傑出していたのは、有智子内親王（八〇七—八四七、嵯峨天皇の皇女、『経国集』に八首、『続日本後記』『雑言奉和』に各一首、八一〇—八三一斎院）であった。その一例をつぎにかかげる。

奉レ和二除夜一

幽人無レ事任二時運一。
不レ覚蹉跎歳月除。
暁燭半残星色盡。
寒花獨笑雪光餘。
陽林煙暖鳥声出。
陰澗氷消泉響虚（疎）。

故匣春衣終夜試。
朝来可レ見柳條初。

（『経国集』巻第十三勅選・八二七年成立。『日本古典全集』第一回、與謝野寛・正宗敦夫・與謝野晶子編、一九二六年）

しかしこの時代の女文人たちにとっては、新しい表現方法としての「女流」があった。仮名文字を使って、「物語」を織りあげるといった一種自在な日本語表現の展開である。これは『古事記』など「説話文学」にみられる和風変則漢文からの離脱である。これはまた女たちが自らに実験を強いるものであった。（男たちも仮名文字は使っていたが、漢文体のほうに多く傾いていた。）この実験の強度と厚みが「平安女流文学」の産出力となったともいえるが、社会的基盤は、受領層の功過定をめぐる混乱の多重化を触媒としていた。

――もしあなたがたが過去の偉大な人物、例えばサッフォーや紫式部やエミリー・ブロンテというような人物のことを思い浮べてくださるなら、彼女たちが創始者であると同時に継承者であり、彼女たちといえども、女性たちが自然にものを書く習慣を身につけたからこそ世に出たのであって――

（V・ウルフ『私ひとりの部屋』村松加代子訳、松香堂、一九八四年）

ヴァージニア・ウルフ（一八八二―一九四一年）は、二十世紀前半の作家として著名であっただけではなく、現代でもなお、フェミニズム思想へのラジカルな問いかけを書き残している。そのウルフが『源氏物語』の作者紫式部の生きた時代についての洞察力にみちた言及をしているのである。

たしかに『源氏物語』は、人の生について、女と男の関係について、観想をつくしながら、理念によって深入りするような表現は、自制している。また仏教などの宗教への帰依を内部に持ちながらも、登場人物に短絡して仮託せず、生命体の矛盾の深淵を凝視することをやめないといった物語作家として抑制がきいた創作をなしている。この方法と表現力が時代を超え、世界に拡がる力を、いまも持ちつづけている起動力であろう。

さらに『女の歴史』（全五巻）が出版された後、その批判のための集会（一九九二年ソルボンヌ大学において）が持たれた。そのときの五人の評者のうち二人（ジョアンナ・ポマータとピエール・ブルデュー）まで、「女性史」を書くに当って必要なものは、ヴァージニア・ウルフのように考えることだとしている。

——男性の無意識の構造を分析するために（ブルデュー自身の「男性支配」に関する論文——引用者）（中略）ヴァージニア・ウルフの小説『灯台へ』の読解をよりどころとしました。わたくしが思うに、ヴァージニア・ウルフは、かの女のフェミニズム的な著作におけるよりも、『灯台へ』においてはるかに巧みに、男性支配の象徴的基盤と、それらが男性たち自身におよぼす影響を明らかにしてくれています。

（P・ブルデュー「『女の歴史』に関する覚書」、G・デュビイ＋M・ペロー編『「女の歴史」を批判する』小倉和子訳に所収、藤原書店、一九九六年）

平安「女流」文人たちの、継承性については藤井貞和がすでに、『女と男の時空』でも「第一期『かげろう日記』の作者、清少納言、そして和泉式部　第二期紫式部　第三期赤染衛門や『更級日記』の作者　それ以後『狭衣物語』以下多くの作り物語や短編物語群の作者『とはずがたり』に至るまでの日記の作者」（第二巻「おんなとおとこの誕生」）と、示している。おそらく、現存している作品群よりは、多くの作品が、その時代には存在していたであろう。そのことは、藤原俊成女《むすめ》の作だと推定されている『無名草子』からも推測可能である。この本には、現在では失なわれてしまい、読むことができない作品についての論評もいくつか見られる。

このような事態を生んだ作用因に、私は摂関政治と受領層のからみ合いを考えておきたい。以後女たちによる文学作品の累積は、歴史の表面からは消えたように見える。女たちは書いていた。しかし、男たちが競って、女たちの文学的表現力に頼って、政治の場を確保しようとはしなくなったせいである。従って、室町期から近世にいたる「女流」の作品は、今後の発掘を待つしかない。(江戸期については門玲子氏の研究がある。しかし、地方史の場には、まだまだ掘り出されるべき作品群が潜在している可能性がある。幕藩体制下にあっては、それぞれの藩になにがしかの文化の中心層があったわけだから)

性のカオス

前号では、歴史の表層に浮上した「平安女流文学」をめぐる政治力学について、述べた。その次事態として武門にみられる刀自型女性の出現に移行する必要がある。

しかし、鎌倉期前後から、「女と男の関係史」は、政治・文化・文明・生活の場で、女と男の相生と相克が直線的な内圧力を示しながら、入れ替り立ち替りするだけではなくなってくる。

女と男の境界は、ぼやけた辺縁を持ちはじめる。すでに十二世紀後半『とりかへばや物語』（河合隼雄は『とりかえばや、男と女』〈新潮文庫、一九九四年〉で作者は女性と推定し、吉本隆明も河合隼雄との対談で『源氏物語』には見劣りがするが、文体から見て上の部の作品としている）が出現している。

この物語は身体は女でありながらジェンダーとしては男（男の気質を持つ）である女君と、男の身体を持ってジェンダーでは女（女の気質を持つ男君）を中心に展開している。

性差の超境については、国の内外を問わず、両性具有、変成男子・変成女子の存在学として、しばしば文学作品の主題となってきた。しかし、これらすべては、外見の可視性から、「両性具有」としてのみ規定され、性の多様な表象を両性具有で代表させる思想の永い歴史があった。『女と男の時空』も例外ではない。

ところが、一八七九年、フレミングの染色体の発見以後、一九四四年エイブリーの遺伝情報を伝える物質ＤＮＡの指摘、一九五三年ワトソンとクリックによるＤＮＡの構造の解明などといったように、細胞の核の内部の研究が進んでいった。一九六〇年代に、人の第二三染色体は、XXならば女、XYならば男というにとどまらず、XO・XXY・XXX・XYYなどの性細胞が胚を形成しうることが発見され、これらの個体は、人として、生きつづけることができることがわかった。

ヒトの生物学的多様性は、性染色体が大きな役割を担っている。(人は、単性生殖によって、同一のものを増殖させつづけるわけではない)

この多様性もヒトゲノム(DNAによる遺伝情報の総体)の解読によって、ヒトの遺伝子の数は三万から四万個(塩基の数は三十億個)によって、可能であった。

この三—四万個のうち、九三パーセントまでは、すべての人に共通、残り七パーセントが個体差をつくっている。となれば、個体差発生の可能性は、二の二千乗を超えることになる。二の三三乗で現在の世界の人口を超え、鬼籍に入った御先祖さまたちを累計しても二の五〇乗には及ばない。人は「顔が異るように、人それぞれである」と言いならわしてきた。したがって、XX・XYですべての第二三染色体を同定するわけにはいかないのである。(ただし、XO/XXYなどを遺伝病とするわけにはいかない。うまず女の血統などというものはない)

——私も最近までは、ＤＮＡとして見れば続いていくのだという視点をとっていた。こう見ると、とても大らかな気分になり、生や死にまつわりつくドロドロが消えていくので気持がよい。しかし今、改めてゲノムに着目するとゲノムとしては、一つ一つの固体が唯一回の存在であることがはっきりしてきた。ＤＮＡとして続いていく大きな流れの中にありながら、やはり個は個なのだと思った時に、大らかさと厳粛さの混り合った新しい気持が生れた。分子生物学は、生物はＤＮＡの乗りものという時期を通過して、それを踏まえてもう一度個を浮び上らせていることを、ここではっきり示しておきたい。

（中村桂子『自己創出する生命』哲学書房、一九九三年）

二の二千乗もの多様な可能性をもっているのであるから、ヒトである生命体の性が、二倍体として安定した生命体ばかりでないことは、当り前といえばあまりにも当り前のことである。一倍体もあれば三倍体もある。

これまでは二倍体としての対関係は、自己と他者との関係として考えられてきた。つねに人は、この他者が異性であれ同性であれ、関係存在として、自己もまた変成することを可能にしてきた。人は他者にむかうことによって新しい自己を生みつづけているわけである。この過程は、第三の性にはありえないとするのは、論理の暴力であろう。しかし、一倍体・二倍体・三倍体の三者の組合わせとなると組合わせの数は増加する。

これに性ホルモンが加重されると、人は複雑性のなかでの思考を導入することを、自己に強いていく。さらに二倍体ではあるが、ＸＹで外見は女性といった人々も存在する。

――雄性雌性化症候群というマウス・ウシ・ヒトなどに見られる症候群がある。性染色体は明らかにＸＹなのに女性になる例である。その原因は、テストステロン（男性ホルモン）の受容体タンパクの合成を支配するただ一個の遺伝子の欠陥にある。この個体では、発生の途上で現れる、各細胞で男性ホルモンの刺激に応答したタンパク合成ができないために、みかけは女性になってしまうのである。

（松原謙一・中村桂子著『生命のストラテジー』岩波書店、一九九〇年）

不妊治療に訪れた女性の染色体（第二三）をしらべたところ、ＸＹであったといった事例もある。多くの医者が染色体チェックの結果を「あなたは本当は男ですよ」とは、残酷でとても告げられないと語っている。この種の事例には、私的に立入ることなど許されない側面を多く残している。

さらに、染色体のカオス状態の研究が進みつづけるなかで、すべての個体にむかって「染色体チェック」を提言することは許されることであろうか。

生命体の多様性は、「ヒトの性は女と男だけである」といった常識を超えてしまっている。一時期「産む・産まないは女の自由」といった、女たちの意志表明があった。しかし、こういったことがいえる人々は、まだ幸いである。

今後、遺伝子については、哲学的思弁、倫理学的内省・社会学的対策・医学生理学的考究・法学的配慮のすべてを参集しつづけて、問い直し、問い直しするしかない。

すでに医学界などで、いくつかの観察が報告されている。しかし、ここに示される、統計学的「自然」、あるいは確率的存在論に含まれるなにがしかの「決定論」を納得することは、でき難い。たとえばつぎのように。

——男性はよけいなオス性——もうひとつのY——か、よけいなメス性——もうひとつのXをもちうる。XYY型の男性はふつう、平均より背が高く、いっそう攻撃的で暴力過剰になりやすい。（中略）よけいなＹ遺伝子が男性性を誇示する。これに対し、ＸＸＹ型男性は、クラインフェルター症候群として知られている。クラインフェルター症候群の男性はアメリカだけで四〇万人いるそうだが、ふつう消極的で臆病だ。（中略）ターナー症候型女性（ＸＯ——引用者）はふつう内気でひっこみ思案。子どもといるのが好きで、料理など伝統的な女性の仕事や言葉を使う職業につきがちだ。

（Ｊ・ダーデン＝スミス、Ｄ・シモーヌ『セックス＆ブレイン』池上千寿子・根岸悦子訳、工作舎、一九八五年）

最近では、男性による凶悪犯罪がなされたとき、まずは、染色体チェックを行って、ＸＹＹならば、遺伝子治療を徹底させ、裁判などは行うべきではないといった提言もなされるありさまである。

生命体にはゆらぎがある。ＸＹＹ暴力性については、「科学性」にたいする批判もある。

——行動を分析的アプローチただひとつで理解するという課題はお先まっくら。本の化学構造を分析して行間を読もうとするようなものだ！

（A・ファウスト＝スターリング『ジェンダーの神話』池上千寿子・根岸悦子訳、工作舎、一九九〇年）

染色体についての「科学性」はいまだ中途半端である。書籍用紙の構造式で記述内容がわかるわけはない。

しかし、いまだ、人びとは、女と男の差異については、複雑性も多様性も認めようとしない傾向がある。

生命体はカオスではあるが秩序は存在する。しかしここで近未来に使われるであろうカオス理論――非線型決定論は、現在の科学の力をはるかに超える。

だからというわけではないが、女たちの不妊については、歴史のなかでも、粗末にあつかわれて来た。（現在のところ、十組の夫婦に一組は「不妊」であるとされている）ようやく、すべて「女のせい」ではないことがわかって来たところである。人が性差を誇示するのも、種はつねに「子孫をつくれ……」と個体を強いるからでもあろう。この種の強制力は、魂の内側にむかって、累積される。

にもかかわらず、女と男といった二分法の内部でさえも、染色体のしみ出しというものがある。この構造の中心部分は、つねに振動している。この振動は相克と相生のなかで続いている。

人類の思想の歴史は、一八七九年フレミングが染色体を検出するまでは、性のカオスは、すべて「両性具有」（ジェンダーであろうとセックスであろうとにかかわらず）としてあつかわれてきた。いまここで性の多様な関係を、男の性・女の性・第三の性の実在を前提として、男性と女性の関係だけではなく。女性と女性・男性と男性・両性具有と女性・両性具有と男性・第三の性と両性具有・第三の性と女性・第三の性と男性・第三の性と第三の性・両性具有と両性具有といった多様な二者の対関係が、差別（無知からであろうとなかろうと）されることのない豊かなプロセスを持って織り上げられていく日々の到来が待たれるものである。

〈補3〉ジェンダーの時空とは何か

はじめに

原始古代から現代までを、女と男の関係史の長期波動として認識を試みるとき、「傷だらけのジェンダー」「相克の近代」が要《かなめ》の位置を占めようとする。これは実体験の近縁性というものである。

近代はまた、男の時代でもあった。日清・日露戦争、第一次大戦、アジア・太平洋戦争と何度も暴力と流血が繰り返され、ナショナリズムが喧伝された。男性の言説があらゆる領域を圧倒し、女性についても男の視点からみた言説が氾濫した。女性にとってはまさに従属と束縛の時代であり、女性史の上でもっとも暗い時代であったように見える。

（奥田暁子『女と男の時空Ⅴ　鬩ぎ合う女と男』序文）

ジェンダーの時空から見れば、女にとって自分たちが生きてきた「もっとも暗い時代」は、その暗黒の深淵に男たちをも誘引する。女の命を束縛しつくそうとすれば、男たちと男性化を目指す女たちのなかには狂気が芽生える。この狂気は、個体ならば荒廃、集団ならば正義となるわけではない。女と男の関係は被束縛と狂気の相克の相を内部へ内部へと巻き込んでいく。

これが近代の時代の相として狂乱の時代を生み出した。人類の大部分は、荒れ狂った時代の相を、「みずからの外傷」として負うことになった。

この外傷は、「私たちはどこから来て、どこへ行くのか」を問うとき、思考に不幸を根づかせてしまう要因となる。近代の歴史を認識するとは、深く傷ついたジェンダーの傷を底の底まで洗い出すことであると共に、時代への和解の要因をも探し出すことである。このことはまた女と男の相克と相生の絶妙な関係と、この関係の明暗の干渉し合う事態を探ることでもある。

探りはじめれば、幾重にも重なったカオスのなかを模索せざるを得ない。この作業を、さしあたって「傷だらけの近代」からではなく、ジェンダー未生、国家未生の古代からはじめよう。

ジェンダー関係の相対性

いまは、ブローデル指摘の「欺きのこだま」(『地中海』第I巻、九四頁参照)を脳の内部に畳みあげる状態から逃れ出るために、古代史の一事態にふくまれる矛盾の相とこの相から派生するいくつかの設問が可能なのか否かを考えてみたい。

聖徳太子は、推古天皇に「勝鬘経《しょうまんぎょう》」・「法華経」さらには「維摩《ゆいま》経」を講義したと伝えられるが、仏教の一側面にある「女人《にょにん》劣悪」の思想はどうであったか、「勝鬘経」や「維摩経」にはこの思想はないが、「法華経」の場合、提婆達多品《だいばだったぼん》第十二には「女人は垢穢《くえ》にして、是れ法器にあらず」「転女成男《てんにょじょうなん》」すなわち、女性は男性に転身してからでないと成仏できないとする思想がある。しかし、聖徳太子が説いた「法華経」には、この提婆達多品第十二が欠けていた。[1](中略)こうした講義において推古天皇は、仏教における「女人劣悪」の思想を知らなかったと考えられる。あるいはこうした部分をわざと省いたのかも知れない。

（西宮紘「太子講経における女人成仏」、『年表・女と男の日本史』藤原書店、一九九八年、二三頁）

この部分からは、果して聖徳太子は推古天皇に講経をおこなったのか、というのが第一の疑問である。

『日本書紀』の推古天皇十四年には「秋七月《ふみづき》に、天皇、皇太子《ひつぎのみこ》を請《ま》せて、勝鬘経《しょうまんぎょう》を講《と》かしめたまふ。三日《みか》に説き竟《を》へつ。是歳《ことし》、皇太子、亦《また》法華経を岡本宮に講《と》く。天皇《みかど》、大きに喜《よろこ》びて、播磨國《はりまのくに》の水田《た》百町《ももところ》を皇太子に施《おく》りたまふ。」（『日本古典文学大系』68、岩波書店、一九七一年）とはなっている。

しかし、岩波大系本の「推古紀」の注解を書いた黛弘道は「魏書、世宗紀の永平二年（五〇九――引用者）十一月条に〈帝於二式乾殿一為二諸僧朝臣一講二維摩詰経一〉とあるような中国帝王講経の故事から着想した説話か」と事実を疑っている。(2) ついで聖徳太子の著とされている『法華経義疏《ぎしょ》』（六一五年）についての記述は『日本書紀』にはない。

聖徳太子講経と義疏に関する記述は、『年表・女と男の日本史』の一五、一八頁にもあり、年表の執筆者たちを悩ませた部分である。『法華経義疏』の聖徳太子草稿といわれるものは、いまは法隆寺から宮内庁に納められている。しかし真撰か否かを疑う人びとは、現在に至っても後を絶っていないにもかかわらず、年表は、あえて大勢に従うことにした。ジェンダーの時空にとっては、この点に関して、紙質鑑定をめぐる年代特定法によって、微調整がなされるまでは、ジェンダー間の関係の相対性と時空の相対性を重層させるしかない。

『日本書紀』が選上されたのは七二〇年、元正女帝のときである。王権の周辺において仏教の波及度は、高まっていた。にもかかわらず、女帝たちの公式の行動は、タオイズムを内包した自然神の側に傾いていて、神女性を発揮する。

『日本書紀』『続日本紀』を読めば、女と男の関係は、絶対的ではなく、相対的であり、境界はつねに移動（認識の視角によっても表れかたが異なる）していることを読み取ることができる。ここで女帝たちにまつわる記述を、いくつか例示してみよう。

推古女帝は、蘇我馬子が崇峻天皇を「東漢直駒《やまとのあやのあたいこま》をして、天皇を弑《し》せまつらしむ」（五九二年、『日本書紀』）のあとにたてられた天皇である。この時まで王権の周辺は安定していたとはいえず、流血はつづいていた。

この点の記述は、「其の国、本亦男子を以て王と為し、住《とど》まること七、八十年。倭国乱れ、相攻伐すること歴年、乃ち共に一女子を立てて王と為す」（『魏志倭人伝』岩波文庫、一九六八年）に似ている。いっぽうは、二世紀から三世紀にかけての事であり、推古女帝の擁立は六世紀末であるにもかかわらずである。

高群逸枝は、卑弥呼の共立にふれて「卑弥呼とその宗女とは（中略）族母[3]と族長との過渡期にあって、しかもなお、人民大衆の最後的な支持によって、かろうじて族母たりえた婦人たちであった」（『女性の歴史』一、理論社、一九七〇年）と書いているが、五九二年以後の『日本書紀』の記述は、蘇我氏、藤原氏（族長）と女帝（族母）と百姓《おおみたから》との三層関係とみることができる。

聖徳太子講経の記述の直後、六〇七年二月には、講経を大いに喜んだ女帝が、「朕《われ》聞く、曩者《むかし》、我が皇祖《みおや》の天皇《すめらみことたち》等、世を宰《をさ》めたまふこと、天に踊《せかがま》り地に蹐《ぬきあしにふ》みて、敦く神祇《あまつかみ》を禮《ゐや》びたまふ。周く山川を祠《まつ》り、幽《はるか》に乾坤に通《かよわ》す。是を以て、陰陽《ふゆなつ》開《ひら》け和《あまな》ひて、造化《なしいづること》共《とも》に調る。今朕が世に当りて、神祇を祭《いは》ひ祀《まつ》ること、豈怠ること有らむや」と宣言している。

『日本書紀』の編纂の開始は六八一年である。完成は七二〇年。この間の女帝たちは持統女帝（六八六―六九七年在位、六九七―七〇二年太上天皇）、元明女帝（七〇七―七一五年在位、七一五―七二一年太上天皇）、元正女帝（七一五―七二三年在位、七二三―七四八年太上天皇）となっている。

編者たちは、仏教が次第に国教としての地位に迫ってくる時代にあっても、女帝たちの神女性を記述の場から消し去ることはできなかったと思われる。その上『日本書紀』の編者のなかには太安万呂《おおのやすまろ》も加わっている。西郷信綱の『古事記研究』(未来社)『古事記注釈』(平凡社)などによれば、太安万呂は、稗田阿礼《ひえだのあれ》の韻文調の語りを聞き取ることができる人であったとなっている。

稗田阿礼だけというよりは、国ぐにの神女たちの語りは、韻文調であったのではなかろうか。加えて西郷信綱は過去の伝承について「文字に移されたことは、厳密には神話の死を意味する」(『古事記注釈』第一巻、平凡社、一九九〇年)と書き、太安万呂にとって阿礼の韻文と自己の変則漢文との間を走る緊張度は、かなり高いものであったろうと書いている。

また世界各地の古文書などから、神女たちの語りは、韻文であったと推測されている。この点に関しては、今後の研究に待つしかないが、女帝たちが百姓《おおみたから》と心を通わせる可能性については、『日本書紀』の記述からも散見される。

さらに政治は上意下達だけで成り立つものではない。王権の周辺でも百姓の心に通じようとするものもあれば、語り口を真似ようとする部分もある。聞く耳のほうは、族母から族長へと語り渡さねばならぬときがあった。それが「百姓大いに喜ぶ」となって、わずかばかり書紀の記述に残っているところであろう。

忘れられた族母性から現代を見る

女帝の時代には斎王は伊勢に派遣されなかった。すでに神祇制度が整う元明以後にも女帝の代に限って斎王の派遣がないということは、皇女全員が斎王候補者であり、女帝にはもともと霊能が備わっているので、斎王の守護を必要としなかったということだろう。

（奥田暁子「王権と女性」、『女と男の時空I』一九四頁、藤原書店、一九九五年）

女帝たちの神女性は百姓（おおみたからと訓《よ》みならわされていて、いまでいう「人民」を指すが、古代では人民の語は現実になじまないので、百姓を使う）から見れば族母なのである。

歴史記述のなかでも族母性は忘れられたに近く、古代史では族母性は、むしろ「神女性」の側面から検討することだけがなされてきた。これはジェンダーの時空から省察をなすとき、家を発生させ家父長制を定着させる過程への比重をかけてきたからである。族父性に権力機構の歪みが附着し、族母は、族父の鏡像として権力の構造をともなって認識された。

「民族の父」といった言いまわしは、欲をかかげて自国の人民と周縁の諸民族を利用できない場合に、目くらましをかける「便利な言説」となって汚濁にまみれた。この唯心的な言説は時空の裁きを受けて永続きはしなかった。「父」については、十五年戦争期（昭和初期）について「暗黒と狂気の時代」として人びとは、現代でも警戒心を再生させ続けている。

鏡像としての族母もまた、できることなら認識の彼岸へ送り出したいものと、ジェンダーを語る女も男も思っている。したがって、歴史記述にも捩《よじ》れが生じている。

無理もない。「鬩《せめ》ぎ合い」の近代からの発想で全時空の長期波動を見る眼を育ててしまったからである。その上「主婦」にたいする「価値の低下」を組織的に続行させているのが現代である。その低下の極みに「母」を置く力が働けば、女たちは「母なるもの」の強調に明日の失望を予見する。したがって歴史認識のなかで高群逸枝が示した「百姓」の族母への期待は、問題点として浮上することがすくなかった。

皇極は雨乞いをした女帝として有名である。大干ばつのため村々の祝部が伝統的な方法で雨乞いしたが効果はなかった。次に、蘇我大臣が仏法によって祈願したが、やはり雨は降らなかった。ところが、皇極が祈雨したところ、大雨が降ったという物語である（皇極紀）。この物語は危機に臨んで女帝のシャーマン的要素が発揮されたことを表すものであろう。しかし皇極紀には同時に、常世《とこよ》の虫まつりに熱中する民衆の姿や天変地異が頻発する記事など、巫術の権威失墜を物語る事件も描かれている。

（奥田暁子、前掲書、一八三頁）

皇極紀の記述には、『日本書紀』を読む場合、引用からしばしばはずされているつぎの部分がある。

雨乞いの場につづいて――

――是に、天下《あめのした》の百姓《おおみたから》、倶に稱萬歳《よろこ》びて曰《まう》さく「至徳《いきほひ》まします天皇なり」とまうす。（六四三年[4]）

この部分をはずせば、事態は蘇我蝦夷《えみし》による仏教系祈禱術と皇極女帝のシャーマン型超能力の争いのように見える。この後蝦夷は、皇極に対抗して、独自の新嘗を行なっている（六四二年十一月）わけだから。しかし、百姓の喜びについての記述に注目すれば、高群逸枝の「族母性」への百姓の側からの信頼となる。ついで、六四四年七月には、大生部多《おおふべおお》が虫祭りを村里の人に勧める。「此は常世《とこよ》の神なり、此の神を祭る者《ひと》は、富と寿《いのち》を致す」と。巫覡《かむなぎ》たちもこれに乗って「常世の神を祭らば、貧しき人は富を致し……」などと神託をするので、人々は、常世の虫を取って「清座《しきゐ》」において、舞い歌い福を求める。それぞれの家の財宝は捨てられ、人は、貧乏人になりたがる。

仏教に帰依していた役人は怒り、大生部多を打ち、巫覡たちも恐れて常世の虫祭りからは離れてしまう。

皇極紀の記述には、族母性末期の族長・族母・民衆との三連環の相が示されている。族長は力を尽して、権威をとりもどそうとし、族母は超能力を示して民衆を惹きつけ、民衆は族母の力が及ばない場では、「まあこんなものか」と、民間信仰を育てていく。三者とも自己疎外をめぐって、その経過には、危なげな相をそれぞれに示している。

この族母性が、族父性をともないながら、再生を開始したのは、環境、なかでも環境ホルモン（内分泌攪乱物質）をめぐる女たち男たちの果敢で自在な動きである。このような場にも危機を誘い出す面がないわけではない。さまざまな神を持ち込んでは不安を組織し、集団の暴力を示そうとする新手の教団も派生する。いっぽう、権力からも観念操作集団からも自在で凝視力を高めた族母性・族父性はいま国境をも超えて、作用しようとしている。高群逸枝の族母をキーワードとした見方は、現代にこそ有効であろう。

ようやく、ジェンダーの時空を貫く考察は、族母族父をめぐる長期波動についての内視力を育てはじめている。

（1）『法華経』（妙法蓮華経）は、はじめ七巻二十七品であった。八巻二十八品の経典として日本に流入したのは奈良期である。聖徳太子の頃、七世紀初頭には「提婆達多品」はふくまれていなかった。（花山信勝校訳『法華義疏』〔全二冊〕岩波文庫、一九七五年参照）

（2）この点にかかわる肯定論否定論の諸説は、大野達之助著『聖徳太子の研究』（吉川弘文館、一九七一年）参照。

（3）「族母」は高群逸枝の造語である。『女性の歴史』第一章四は、「族母卑弥呼」となっている。高群逸枝は「鬼道につかえ……」という神女性よりは、部族連合の根にある母性への信頼を強調したかったと思われる。現代では族母は、もっぱら人類の母性を指すものとなる。

（4）逆に、百姓の側の天皇観として「天下《あめのした》、誹謗《そし》りて言《もう》さく、『大《はなは》だ悪しくまします天皇なり』とまうす。」（雄略記二年十月）というのもある。

〈付〉世界システムの中の「主婦労働」
――『世界システムと女性』を読む――

世界経済システムを支える「主婦労働」

本書『世界システムと女性』は、世界システムのなかに、「主婦」（女性はすべて主婦であるとしたときの主婦）の無償労働の理論を構築した最初の瞠目すべき論述である。

これまでに、日本の女たちのなかでも「主婦労働」（主婦の家事労働といわれてきたが、家庭内にとどまらず、路上でも、企業内でも、主婦がおこなうことを前提にした労働が存在するので、本稿では、主婦労働と書くことにする）の不払い性については、しばしば論じられて来た。

大流行したのは、『朝日ジャーナル』誌上（一九六〇年四月十日号）で磯野富士子が「婦人解放論の混迷」と題して「主婦の家事労働は価値を生まないのか」を世に問うた時であった。これをきっかけにして、「使用価値は生むが価値（交換可能な）は生まない」にはじまって、「有用労働ではあるが、一般的抽象的人間労働となる尺度を持たない」といった経済学者たちの「解説」がつづいた。つまり「労働力市場で、規定されるようなものでもなければ、世界市場で流通するような商品（手ざわりを持った商品であるか、時空を流れるサービス部門であるかにかかわらず）を産み出しているわけではない」というわけである。

女たちは、ここで、「相対的な価値形態でどこまでも追いつめられないだけ、気が楽だ」と思ってみたり、「悲惨さのなかの自由」というものもあるのかと思い込まされたりしたものであった。しかし、誰も世界システムのなかに「主婦労働」を位置づけようとはしなかった。

そこを本書の著者たちは、資本主義社会のなかで、いまだ終る気配さえも見せず拡大し再生産されていく、「主婦」労働の成果を未払いとした「本源的蓄積」を、論理の柱として世界経済の構造を展開してみせた。

――女性は世界の全労働の三分の二を行っている。しかし、その見返りとして世界の総収入のわずか一〇%しか受けとっておらず、全生産手段の一%を所有しているにすぎない。

(V・ベンホルト=トムゼン「なぜ第三世界においても主婦がっくられ続けるのか」、『世界システムと女性』二六九頁)

いままで階級闘争の基礎(本質構造)をつくっているといわれて来たのは賃労働と資本である。ところが「自由」に自己の労働力を「労働力」の価値法則に従って売ることができる労働者は働く人びとのわずか、一〇%でしかない。残りは(子の出産と育児もふくめて)主婦・植民地の人びと・農漁民などといった九〇%の人びとによって支えられている。まさしく資本蓄積の源は、この九〇%の人びとにある。「賃労働者と資本家」は世界システムのなかでは特権的集団を形づくっている。いますぐ残り九〇%の人びとに労働力市場における「まっとうな賃金」を支払えば、世界の「経済システムはたちどころに崩壊する」と著者たちは、強調する。

ローザやフェミニズムの誤り

著者たちは、「下方から」世界を見れば、まことの構造が見えるという。また「家事労働を理解すれば経済が理解できる」とも強調している。これらはまことに、下方からの凝視によって、はじめて可能であった論理、である。主婦・農漁民・第三世界の人びとの労働は、マルクス主義経済理論では、「周辺」「辺境」「後進」ととらえられ、生産力の増大にともなって、いずれプロレタリアートに吸収されていくはずであるとの見解のもとにあった。しかしいっこうにそうはならなくて、周辺部分は「主婦的」であることこそを主因としながら、資本制生産を構築していく。ローザ・ルクセンブルグは『資本蓄積論』で、拡大再生産の動態のなかに「周辺」が悲惨を固定しながら組み込まれていくことを、展開はした。しかし、周辺部を「非資本主義的」諸層と規定したために、資本制生産の内部に構築するには到らなかった（M・ミース「序」参照）。著者たちは、この誤りを指摘しつつ、「世界システム」の全容を明らかにしていく。

本書の発表によって、フェミニズムは、理論上の基盤を、本書の「世界システム論」におくことを必要条件としなければならなくなった。

さらに著者たちは、それぞれのフィールド・ワーク（M・ミースはインド、C・ヴェールホフはラテンアメリカ、V・ベンホルト＝トムゼンはメキシコ）に基づいて理論を構築している。したがって本書のなかには、M・ミースが行きあったインドの女性解放運動（最下層といわれる人びとの）の愉快な戦術をめぐる論文、女性の労働用具は生命維持のためのものであり、男たちが考え出した道具は「殺し」専用である点を歴史学的に展開した論文（ミース）も収録されている。

よって、本書は、理論上の展開だけに終始したものではなくて、この世には男女の役割分担による安定した対称性などないことを示す力となっている。

〈付〉俗物に恋はできない　革命もまたしかり
――M・ペロー女史来日――

＊フランス大使館の招きで、一九九七年十二月二日、『女の歴史』（全五巻10分冊）の監修者のひとりであるミシェル・ペロー女史が来日（―十一日）された。東京・福岡・熊本・京都で、講演と対談など精力的なお仕事をされた。

恋と革命の矛盾と合一

「精神の昂揚を呼ぶ〈ターニング・ポイント〉はどこで出てくるのか」、私の聴衆席での期待は、常にこれである。しかし裏切られるときのほうが多い。

この日、対談（ミシェル・ペローvs永畑道子、十二月七日、熊本県立図書館にて）の終り近くになって、確実にターニング・ポイントに出会うことができた。

司会の藤原良雄氏が「恋と革命（テーマが『恋、そして革命――ジョルジュ・サンドと與謝野晶子』であったため）は、あたかも矛盾原理であるかのようである。しかし、背反は持続せず、いっそうの合一を生み、高められた像を現前させる。そこにあるものを語りあってほしい」と提言されたときからである。

「俗物に恋はできない。革命もまたしかり」とペロー氏も永畑氏もこもごもに強調された。このときから、序奏部分として、サンドと晶子のサロンの超越力について相互に話されてきた時間が、〈よみがえり〉の場へと流れ込みはじめた。（何事も佳境に入るのは終り近くになってからである。）

嵐を呼ぶ個体――サンドと晶子

たとえば、サンドの場合、まず、サロンの場所は、中部フランスの田舎町ノアンである。この館には、リストとマリー・ダグーをはじめ、バルザック、フロベール、ツルゲーネフなどの多くの人びとが滞在し、心を休めている。

サンドが一八四八年の、再革命に加担し、多数の革命論文を発表したために、サロン内部でも、政治をめぐる激論がたたかわされ、いっぽうではリスト、ショパンなどがピアノを弾いていた。そこでは多くの恋が発生した。まこと「恋と革命」の渦である。極私領域に逃げ込む恋ではない。

サンドは、生涯に、三万通におよぶ手紙を書き、文通の相手は二千三百人を数えた。職人たちへの凝視度も高く、石工、シャルル・ポンシーが「仕事の歌」を作るのを支援し、アグリコル・ペルディギエの組合活動を支持した。

サンドについても晶子についても伝記風ではなくて、嵐を呼ぶ個体内部の事態として、考えねばならなくなったのは、矛盾原理の展開へと、切替を可能にされはじめてからであった。

滞在中のひとこま

ここより転調——日録風に——

十二月五日　ペロー氏福岡着、出迎えの数人とともに、福岡市博物館で「玄界灘の江戸時代」の企画展を見る。のち、田部光子個展の会場へ行き、来年十一月パリの個展へのメッセージを書く。

十二月六日　講演『女性——歴史において未知なるもの』（九州産業大学主催）。夜、十九世紀の女たちをテーマにレセプション。

十二月七日　熊本へ、午後永畑氏との対談（前掲）

十二月八日　阿蘇へ。雨降り。視界悪く、火山ガス発生のため、火口へ近づけず、早々とホテルに入る。夜、食事の折、話題は高群逸枝へとむかう。

ペロー氏、「高群逸枝の中心思想は如何」と問う。ここで、『恋愛論』と『恋愛創生』をつらぬいていた「男の理性を女が叡智化し、これを男が受容しといった相互伝達が、女と男のあいだに限りなく続き、人類はやがて理知の極に達する」といった高群の論理と「史料への凝視度が高く、大量の史・資料を分析しつづけた」ことなどが、語りあわれた。

話題はさらに、地球温暖化をめぐる京都会議についての語りあいに移り、水質汚染大気汚染の時代、自然と人の心の結び目を保持するには、樹液の上る音を聴くのはひとつの手段ではなかろうかと話が出たことから、それぞれ「秘かな私の樹を決めよう」となって、「ジョルジュ・サンドの像のそばの樹を、私の樹としよう」とペロー氏語る。これはボーヴォワールの『第二の性』との時空差の論理ともなっている。ボーヴォワールは、「樹液を聴く」女たちの自覚度の低さを批判していたからである。たしか、この日の話題も、ボーヴォワールのこの点から出発していた。

それにしてもペロー氏の対応は全方位型であった。

〈付〉第三の性から見たジェンダー

空間は、一面では、自然の勝手放題な振舞の場のように見える。他の面ではこの勝手放題な振舞は、人の意志を秩序にむけて組織するか、意志によって反撥されるかの双面の作用を時空内部に転がしつづけている。

しかし、自然に対する人の側の自由度が、どの程度のものかを測定することは不可能に近い。にもかかわらず、現代は、0と1を選択しながら結像する思考法に、深く侵入されつづけている。0から1への移行過程などは無限に組み合わされ、分割された0か1であり（あるいは幾重にも倍増された0・1の組合わせである）、流動して落着かない中間の存在などは、人が秩序を考えるとき、「無用物」の分類箱にしまっておくべき「もの」とされ始めている。女か男か、0か1かと、人は今や二分法の無限連鎖の囚われ人となっている。

この十年のあいだに、経済は金本位から〔エネルギーの単位である〕ワット本位に変わり、いまや〔コンピューターによって処理される情報の単位である〕ビット本位に移行しようとしています。そのうちビットが究極の資本になるでしょう。

（I・イリイチ「エネルギーの意味の社会的形成」、『生きる思想』所収、桜井直文監訳、藤原書店、一九九一年）

イリイチは現象をプログラムに組むことを以てモデル化しようとする現代人の選択の方向を批判しつづけてきた。引用部分は、この批判の導入部にあたるところである。この世の現象、なかでも人の側の行動を把握するためには、コンピューターは、無用ではないであろう。人が電子の動きを把握し、零を知の編集法と表現法の場に位置づけた歴史は、現在のコンピューターの作動のなかに組織されつづけているともいえる。

コンピューターは、この世の関係という関係の諸相を、私たちに見せつけていて、加重され倍加された複雑な相であっても、関係のネットワークに還元しかねない速度を持っている。時として私たちは、この関係のネットワークが、機械言語であったことを忘れて、存在という存在をプログラムに組むに似た思考法に侵犯されつづけている。

女と男の関係も、いつの間にか、極端な二分法に移行している。この世のことは、0と1を、限り無く累乗すれば判明するなどといえば、多くの人は、下手な論理学の講義を受ける気分になって、頭から軽蔑してしまうであろう。にもかかわらず、女と男の関係となると、あたかも二分法によるプログラムが組めるかのような錯誤が現われる。これは認識の場の自由度を低めるものである。

果して、人の関係存在とは、二分法によって語り得るものであろうか。人は、女と男に二分されるといったように。この二分されたものの相互浸透と対峙によって、人の世の文化から個体の知性・感性にいたるまでの多様性と魅力は、発生しつづけてきた。しかし、ここに、両者の相互浸透を媒介するものは存在しなかったと、いい切ることができるであろうか。

最近では、コンピューターでさえ、0と1だけではなく、媒介する第三の因子を組み込む方法の研究が進んできたと聞く。いっぽう生命体としてのヒトの第二三染色体（性染色体）も、XX（女）、XY（男）として、唯ひとつの例外もなしに決定されているわけではない。XO型、XXY型、XYY型などとより多様な型のなかにある。

XX（女）、XY（男）を除いて、他の型を持ったヒトを総称して、外見が男であろうと女であろうと第三の性とする。さらに第三の性には、性腺によるもの、性ホルモンによるものが加わってくる。

にもかかわらず、ジェンダー論の多くは、女と男の性差をめぐる社会的な区分への批判ばかりに傾きがちである。第三の性の存在は「余計なもの」あるいは「難病」としてのみ、対応しようとしている。たとえばＸＯ型は「ターナー症候群」、ＸＸＹ型は「クラインフェルター症候群」といったように。ターナー女性の会の人たちが、「ターナー症候群」と呼ばれることに異議を申したて、「ターナー女性」として、自己と他者との関連のなかで自立性を展開しているにもかかわらずである。

第三の性の人たちの存在は、女たち男たちをめぐる、性差のランダムネスを了解する糸口となり得る可能性もある。

思想史から見れば、第三の性にもとづいて、融通無碍な表現を試みた人は、いくらでもいる。しかし現代のジェンダー論は、機械言語に犯されていて、排中律を根づかせてしまってきた。今後は第三の性を排中律から解き放つ課題を近未来にむかって発信する時である。生物学的思考、医学的思考だけにとどめてよいものではないであろう。

〈付〉高群逸枝の戦中・戦後

旧憲法下で姓の錯雑を指摘

高群逸枝の全著作を貫くキーワードは、

「多祖現象」（同一氏族の内部にありながら、それぞれのメンバーが、異った先祖に発すると称する系譜観。本居宣長の『古事記伝』を読み解く過程に得た発想）、

「母性我」（一九二五年の詩集、『東京は熱病にかかっている』では「普遍我」をかかげている。その後、女性史の研究を重ねていく過程で、母性主義は強まり、「母性我」に変成した）、

「女の霊能」（古代ヒメ・ヒコ制の構成原理の基層に内在する女性の本源的資質である。この霊能は古代に止まらず現代にも、地下水脈となっているとする思想）、

「寂滅」（進化論モデルに基いていて、「男性の理知は、女性の叡智からつくられ、それをまた女性が

受容して本能化し、叡智化していく」(『恋愛論』全集版第六巻、理論社、一九六七年)、の四種である。

これら四種の思想は、戦前・戦中・戦後を通じて、どれひとつとして変化もしなければ、消滅もしていない。

しかし、戦中には、ヒメにかかわる錯誤があった。

『母系制の研究』の出版は一九三八年(厚生閣)である。七年間をかけた労作であった。高群逸枝は『新選姓氏録』(八一五年)の姓の混乱ぶりに目をつけて、父系母系の双系の実在に着目した。「混乱の原因の一は偽姓である。(中略)原因の二は、姓の世襲に関する父母両系の錯雑である。(中略)大化の改新後の妻子の所属、戸内の異氏姓群等を想起すれば、姓の混乱が、主として父母両系の錯雑に由来するであろうことを理解するのは、さして困難ではなかろう」(『母系制の研究』全集版第一巻、理論社、一九六六年)

一九三八年は、国家総動員法がすでに実施されていた。明治憲法(大日本帝国憲法、明治二十二年)第一条は「第日本帝国ハ万世一系ノ天皇之ヲ統治ス」となっていた。その場へ、姓の錯雑こそ「最も重大視すべきもの」(『母系制の研究』)としたのである。この書は、『母系制の研究』よりは、むしろ『双系制の研究』としたほうが、当を得ていたともいえる。

しかし、明治以降の日本は、近代合理主義を主流としつづけていたので、錯雑に着目した双系制などは、提出したとたんに学界に無視されかねないものであった。人は、母系あるいは父系といったように、一者を選ぶことに馴れ切っていた。にもかかわらず高群逸枝は、万世一系などとはいわない。

この思想は、「紀元は二六〇〇年」の一大キャンペーンがおこなわれていた一九四〇年に出版された『女性二千六百年史』（厚生閣）でも変わっていない。

皇国思想の無邪気な受容

高群逸枝にとって、戦中の皇国思想は、「侵略」というよりは、むしろ同胞性の強化と思えるものであった。「八紘一宇」といったキャッチ・フレーズを無邪気に受容するところもあった。

一九三七年十二月十三日、南京占領とともに日本軍は、四万人の中国市民・兵士の虐殺を開始した。このことは、「日本国民」には、いっさい知らされず、いたるところで、南京陥落の旗行列・提灯行列がおこなわれていた。しかし時の近衛内閣は、兵士たちを処罰したり、批判することはできず、「五族共和」（辛亥革命——一九一一年の方針）にもとづいた学校などを満州などに建設したりした。

高群逸枝は、一般国民と等しく、南京大虐殺については、まったく知ってはいなかった。しかしその当時の日記には、旗行列のことも出てはいない。『母系制の研究』の出版一年前のことである。

南京のことも知らぬままに、『女性二千六百年史』は一九四〇年、厚生閣から出版された。そこには「建国」について、「建国には二つの型があるという。一は他族を征服してこれを奴隷とした上に建てるもの、もう一つは他族を包容して血縁的に建てるものである。この時日本の建国はいうまでもなく、後者であろう」と表明されていた。

事は、それ程純粋ではなく、どのような理想にも、必ず悪がまといつくものであることには言及されぬまま、「女性の叡智」が生きる場は、大東亜共栄圏にあるとする錯誤のまま、敗戦をむかえた。

「ふかい痛苦をひしひしと胸に感じて　泣き哭くのみ／ただ泣き哭くのみ」（『森の家の日記Ⅱ』全集版第九巻、一九六六年）と一九四五年八月十六日に書きつけている。

理由もなく泣いた。しかし慟哭の意味はわからぬと続けている。無意識でも、人は、激化するものである。しかし、八月二十一日には「逸枝立ち直り仕事場にはいって勉強をはじめる」（前掲書）となっている。

占領期の困難の中での執筆

自家用の菜園はあったが、飢餓と窮乏のなかでの研究の持続である。女性史学をめぐっては、占領下であろうと、研究方法を替える必要はなかった。沖縄・奄美をのぞいて、日本国が独立した一九五一年九月までの期間、『日本女性社会史』（新日本社、一九四七年）『女性史学に立つ』（鹿水館、同年）『恋愛論』（沙羅書房、一九四八年）などを出版している。『招婿婚の研究』の執筆は続いていた。いっぽう占領軍政府は、日本人の出版物・発行紙誌の検閲をつづけていた。上演禁止となった映画や演劇などもあった。一九五〇年にはじまる朝鮮戦争とともに、レッド・パージ旋風が吹き荒れ、刑務所に入れられた人びとも出た。再び言論は自由ではなくなった。この期間も高群逸枝は、占領軍についての批判を発表することはなかった。ただ『火の国の女の日記』には「無気味な年であった。朝鮮の動乱はついに国連軍対中共の戦争――事実上の――となっている。アメリカでは非常事態宣言が布かれ、西欧では統一軍の結成をみた。国内では共産党の追放相つぎ、故郷のわが近親でも甥の昭三が傷ついた。」（一九五〇年十二月三十一日。全集版第十巻、理論社、一九六五年）

アメリカのファシズム化（マッカーシズムなど）の影響もあって、この頃の思想の弾圧は、狂気の沙汰といえるものであった。新聞社通信社の解雇七〇二人、組合幹部一万人を超える解雇、劇映画部門でも、一〇九名のレッド・パージ、今井正・山田五十鈴などの監督や俳優たちも無難ではなかった。ブラック・リスト作成のために、公共図書館の閲覧カードの調査にあらわれた警官もあった。（図書館員に追い返されるケースが多くはあったが）

この時期、『招婿婚の研究』は書きつづけられていた。（一九五三年出版）

新憲法と皇室典範における「退行」

高群逸枝が、占領期について言及したのは『女性の歴史』（一九五四―一九五八年）においてである。

占領期の情況については、正負双面の記述がなされ、まず負の面では、一九四五年、九月十月の二ヶ月間に、横浜に上陸したアメリカ兵による強姦事件が届け出だけで二九件であり、届け出ない数のほうが多かったと書きはじめられる、占領軍にたいする女たちの「不安と反感」・日本の支配層への「憎悪と不信」が、占領初期の事態であった。ついで一九四七年の憲法施行である。女たちについては、第十四条、第二十四条で、一応「法のもとの平等」と「両性の合意（婚姻）」が書きこまれはした。

しかし、「まず、（皇室典範）第一条によって、女性天皇が否定されている。これは日本の史実についてみても女性天皇は存在したのだから、不合理の最もはなはだしいものである」と書き、ついで、皇女は婚姻で皇族たることを失い、皇子は皇族のままであり、その妻も皇族となる。皇女が離婚した場合、皇女にもどれるのか、それとも一般国民のままなのか、何も規定されていない。明治期になるまで、皇女は、婚姻によっても宮号を失ったり、内親王称を失ったりはしていないのに。明治の怪が継承されてしまった。江戸期の終りまで、夫と妻は別姓だったのに、皇女は夫の姓を名のる（一般国民の姓は、夫方か妻方かいずれか一方を選ぶとなっている）となって、これまた新憲法下の怪である。

歴史的にいうなら、皇室には原始の招婿婚が御簾入婚《みすいり》（婿入式）として江戸末までのこり、明治から嫁入婚に傾斜してきたが（明治天皇は一夫一妻多妾制――引用者）それが固定してこのような時代錯誤を生じたのでもあろう。

（『女性の歴史　二』、全集版第五巻、理論社、一九六六年）

高群逸枝にとって、占領期に成立した「日本国憲法」は第二条によって、「皇室典範の定めるところにより」となっている限り、一般国民の「嫁入婚の廃止による寄合婚」ではなくて、父系嫁入婚を残し、江戸期よりも女性差別的な父系嫁入婚であると強調している。この期間に書き続けられた『招婿婚の研究』からの視点である。

皇室典範の女性差別条文は、戦後六十年たった現在も残っている。

ジェンダー・フリーをめぐる〝文化〟と〝文明〟——あとがきにかえて

さりげなく狂い果てるか留意の里

ようやく、ジェンダー・フリーといった考えかたが浮上してきました。いくつかの機関では、ジェンダー・フリーなどといった表現を「禁句とせよ」といった通達などを出しています。

媒介する性にとっては、いまジェンダーによる性差を無化する波動を感じとることができます。ジェンダーの固定化に、対手の性に含まれる文化にたいする敬意が失われ始めれば、やはりジェンダー・フリーによって再生をはかるしかないでしょう。

「男の美学」「女の美学」が今では、それぞれの性の自己陶酔に限りなく近づいています。これでは、高群逸枝のいう叡智の相互転写は、阻害されはじめるでありましょう。

男性の理知は、女性の叡智からつくられ、それをまた女性が受容して本能化し、叡智化してゆくのである。こうして、進化は、より知的な方向にむかって高まって行くのであろう。

（高群逸枝『恋愛論』全集版第六巻所収、理論社、一九六九年）

生命体が知的に高まって行くとき、延長の場で変りはじめるものがあります。ヒトは、現在でもなお、進化の過程にあると、生物学者たちは論じています。変化がどのように起るかは、ＳＦ作家の想念の内部以外では、いまだにつきとめられてはいません。遺伝子は複写を繰り返す過程に、同一性と差異性の双面を持っています。ヒトの進化が、微細な場で起りはじめるか、爆発的に起るかさえも予測することはできません。何かが起る前に「我が命脈は尽きる」と、思考放棄の側へ、滑り込んでいても、明日ぐらいは、何とかなるでありましょう。

しかし、知的進化は、とどまることを知りません。ジェンダー・フリーもその過程であらわれた一事態であると思われます。

言霊の集りて散る鈴が森

ジェンダーは、文化のなかにあって、文明の側にはありません。「男の文明」「女の文明」などというのを、考えるわけにはまいりません。

文化、文明の差異を簡略化して、ひとつの例をあげるならば、民主主義は文明の側に、祭りやスカートは文化の側にあるといえます。ジェンダー・フリーとは、あるいは、理性化叡智化の連鎖への認識であるともいい得ましょう。ただし安楽な生が保証されているわけではありません。

両性間の知的交換による極度の知性化の果てしない連続の極みで、高群逸枝が予見したのは、「人類の無限の増殖よりは、人類の完全な合体――無性化、そして人類の寂滅へもしくはさらに新生命への発展なのであろう。」（前掲書）となる予見であります。

詩人の幻視力は、ときとして真実を語ります。媒介する性の担い手となった人びとは、進化の過程にあらわれた、変異の事態でもあり得ます。

ここで、生命体にとって進化とは、多様化そのものにふれる言辞であると見ておいたほうが妥当でありましょう。

いま主張されているジェンダー・フリーについて、女たちの主張の内容に立入って見ると、女たちの怒りは、男たちがジェンダーを文化のなかばかりではなく、文明のなかに移し込んで、行政の場を構築しつづけてきた場にむけられています。すでに紀元前五世紀から四世紀にかけて、『女の会議』において、アリストファネスが喜劇化して見せた「男たちの民主主義」の例もあります。

虚無僧の尺八を追う草の王

女たちも男たちも多様な性の担い手たちもすべて元気であることを祈りながら、本稿を閉じます。お世話をしてくださった『サークル村』のかたがたにお礼を申し上げます。

本書を書くにあたって、野村知子氏、能澤壽彦氏、加藤祐子氏に文献蒐集の世話になりました。記してお礼を申しあげます。

「媒介する性」は、差別を助長することになるかもわからぬといった危惧もありましたが、「媒介」の位置におられるかたから、励ましの言葉を送っていただきました。ありがたいことでございます。

本書の出版を決断してくださいました藤原書店社長、藤原良雄氏に心からお礼を申しあげます。また本書をご担当くださった同書店編集部の山﨑優子氏にお礼を申しあげます。

さらに本書の製作・販売に当たられますスタッフのかたがたに感謝いたします。

二〇〇七年初秋

河野信子

初出一覧

「媒介する性——方法と事態」　第Ⅲ期『サークル村』第一号〜第十号、二〇〇三年夏〜二〇〇六年春

（但し各項目名は新たに付した場合もある）

「カタリスト」　『環』一四号、藤原書店、二〇〇三年夏

〈補1〉

「男女関係史という視点——『日本女性史』問い直し」（「思考法をめぐって——『日本女性史』の問い直しと『女の歴史』」を改題）『機』藤原書店、一九九四年九月

『時空』の歴史学——高群逸枝とアナール派」（副題は新たに付した）『機』藤原書店、一九九五年九月

『女性史を書くこと』をめぐる問い——日仏シンポジウムに参加して」（「『書くこと』をめぐる問い」を改題）『機』藤原書店、一九九七年五月

「歴史学的愉快——『女と男の時空』全巻完結まで」（「『女と男の時空』全巻完結まで」を改題）『機』藤原書店、一九九八年九月

「関係史の諸相――『女と男の時空』のめざすもの」(「『女と男の時空』のめざすもの」を改題)『機』藤原書店、二〇〇〇年三月

〈補2〉
「『女と男の時空』その後」(「『女と男の時空』の残された問題点」を改題)『女性史・女性学ノート』四～九号、女性史・女性学研究協議会、一九九七～二〇〇二年

〈補3〉
「ジェンダーの時空とは何か」『環』一号、藤原書店、二〇〇〇年春
「世界システムの中の主婦労働――『世界システムと女性』を読む」(副題を付加)『機』藤原書店、一九九五年六月
「俗物に恋はできない　革命もまたしかり――M・ペロー女史来日」『機』藤原書店、一九九八年一月
「第三の性から見たジェンダー」『環』一二号、藤原書店、二〇〇三年冬
「高群逸枝の戦中・戦後」(「高群逸枝」を改題)『環』二二号、藤原書店、二〇〇五年夏

著者紹介

河野信子（こうの・のぶこ）

1927年福岡県生まれ。女性史家。専攻は（数学、哲学）女性史。著書に『闇を打つ鍬』（深夜叢書社、1970）、『恋愛論』（三一新書、1974）、『火の国の女・高群逸枝』（新評論、1977）、『女の自立』（新評論、1978）、『隠れ里物語』（三一書房、1981）、『近代女性精神史』（大和書房、1982）、『家族幻想』（新評論、1986）、『高群逸枝』（リブロポート、1990）ほか多数がある。共編書に『女と男の時空——日本女性史再考』（全６巻）がある。

媒介《ばいかい》する性《せい》——ひらかれた世界《せかい》にむけて

2007年 9月30日　初版第１刷発行©

著　者　河野信子
発行者　藤原良雄
発行所　株式会社 藤原書店

〒162-0041　東京都新宿区早稲田鶴巻町523
TEL　03（5272）0301
FAX　03（5272）0450
振替　00160-4-17013

印刷・製本　中央精版印刷

落丁本・乱丁本はお取り替えします
定価はカバーに表示してあります

Printed in Japan
ISBN978-4-89434-592-8

「表象の歴史」の決定版

『女の歴史』別巻1

女のイマージュ

〈図像が語る女の歴史〉

G・デュビィ編
杉村和子・志賀亮一訳

『女の歴史』への入門書としての、**カラービジュアル版**、「表象」の歴史。古代から現代までの「女性像」の変遷を描ききる。男性の領域だった視覚芸術で女性が表現された様態と、女性がそのイマージュに反応した様を活写。

Ａ４変上製　一九二頁　**九七〇九円**
（一九九四年四月刊）
◇4-938661-91-8

IMAGES DE FEMMES
sous la direction de Georges DUBY

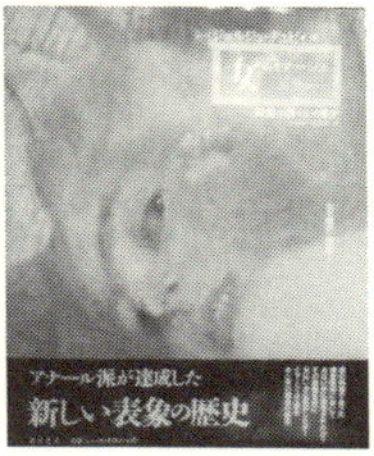

女と男の歴史はなぜ重要か

『女の歴史』別巻2

「女の歴史」を批判する

G・デュビィ、M・ペロー編
小倉和子訳

「女性と歴史」をめぐる根源的な問題系を明らかにする、『女の歴史』（全五巻）の徹底的な「批判」。あらゆる根本問題を孕み、全ての学の真価が問われる場としての「女の歴史」はどうあるべきかを示した、完結記念シンポジウム記録。**シャルチエ、ランシエール**他。

Ａ５上製　二六四頁　**二九〇〇円**
（一九九六年五月刊）
◇4-89434-040-2

FEMMES ET HISTOIRE
Georges DUBY et Michelle PERROT Éd.

全五巻のダイジェスト版

『女の歴史』への誘い

G・デュビィ、M・ペロー他

ブルデュー、ウォーラーステイン、コルバン、シャルチエら、現代社会科学の巨匠と最先端が活写する『女の歴史』の領域横断性。全分野の「知」が合流する、いま最もラディカルな「知の焦点」（女と男の関係の歴史）を簡潔に一望する「女の歴史」の道案内。

Ａ５並製　一四四頁　**九七一円**
（一九九四年七月刊）
◇4-938661-97-7

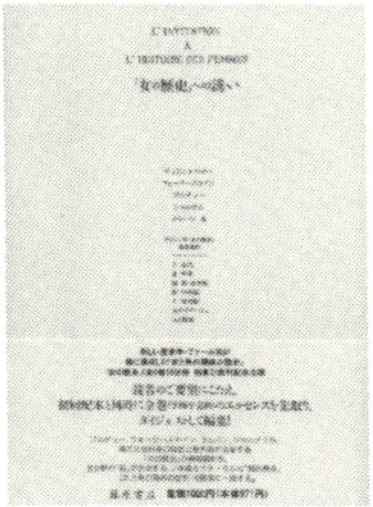

女性学入門

新版

女性史は可能か

M・ペロー編
杉村和子・志賀亮一監訳

女性たちの「歴史」「文化」「エクリチュール」「記憶」「権力」……とは？女性史をめぐる様々な問題を、〝男女両性間の関係〟を中心軸にすえ、これまでの歴史的視点の本質的転換を迫る初の試み。
【新版特別寄稿】Ａ・コルバン、Ｍ・ペロー

四六並製　四五〇頁　**三六〇〇円**
（一九九二年五月／二〇〇一年四月刊）
◇4-89434-227-8

UNE HISTOIRE DES FEMMES EST-ELLE POSSIBLE?
sous la direction de Michelle PERROT

女性・近代・資本主義

歴史の沈黙

〈語られなかった女たちの記録〉

M・ペロー

持田明子訳

「父マルクスを語るマルクスの娘たちの未刊の手紙」「手紙による新しいサンド像」ほか。フランスを代表する女性史家が三十年以上にわたり「アナール」やフーコーとリンクしつつ展開した新しい女性史の全体像と近代史像。

A5上製　五八四頁　**六八〇〇円**

（二〇〇三年七月刊）◇4-89434-346-0

LES FEMMES OU LES SILENCES DE L'HISTOIRE

Michelle PERROT

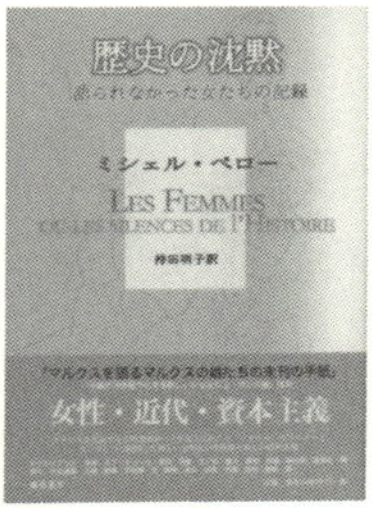

平易な語り口による斬新な女性学入門

読む事典・女性学

H・ヒラータ、F・ラボリ、H・ル=ドアレ、D・スノティエ編

志賀亮一・杉村和子監訳

五〇のキーワードを単に羅列するのではなく、各キーワードをめぐる様々な研究ジャンルそれぞれの最新の成果を総合するとともに、キーワード同士をリンクさせることによって、女性学の新しい解読装置を創出する野心作。

A5上製　四六四頁　**四八〇〇円**

（二〇〇二年一〇月刊）◇4-89434-293-6

DICTIONNAIRE CRITIQUE DU FEMINISME

Helena HIRATA, Françoise LABORIE, Hélène LE DOARÉ, Danièle SENOTIER

初の「ジェンダーの国際関係」論

国際ジェンダー関係論

〈批判理論的政治経済学に向けて〉

S・ウィットワース

武者小路公秀ほか監訳

大国、男性中心の歪んだジェンダー関係のなかで作り上げられた「国際関係論」を根本的に問いなおす。国際家族計画連盟（IPPF・国際非政府組織）と国際労働機関（ILO・政府間国際組織）の歴史を検証し、国際ジェンダー関係の未来を展望。

A5上製　三二八頁　**四二〇〇円**

（二〇〇〇年一月刊）◇4-89434-163-8

FEMINISM AND INTERNATIONAL RELATIONS

Sandra WHITWORTH

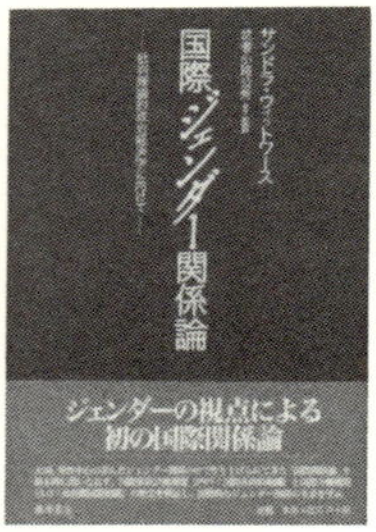

「母親」「父親」って何

母親の役割という罠

〈新しい母親、新しい父親に向けて〉

F・コント　井上湊妻子訳

女性たちへのインタビューを長年積み重ねてきた著者が、フロイト／ラカンの図式的解釈による「母親＝悪役」イメージを脱し、女性も男性も子も真の幸せを得られるような、新しい「母親」「父親」の創造を提唱する、女性・男性とも必読の一冊。

四六上製　三七六頁　**三八〇〇円**

（一九九九年一二月刊）◇4-89434-156-5

JOCASTE DÉLIVRÉE

Francine COMTE